군사 체육 지도

이진혁 · 나승학

도서출판 진영사

군사체육지도

이진혁, 나승학 공저

2017년 08월 19일 초판 인쇄
2017년 08월 24일 초판 발행

발행인 박 진 영
발행처 도서출판 진영사
인천광역시 부평구 갈산동 134-16 태승빌딩 4층
전화 : 032)505-4207
팩스 : 032)505-4206
E-mail : 0183734207@hanmail.net
등록 : 122-91-77317

ISBN 978-89-6541-331-8 93390
값 13,000원

머리말

군사위성과 무인전투기 등 첨단 무기가 발달하고 있는 오늘날에도 군인의 체력은 군의 중요한 요소 중 하나다. 그러나 군 장병들의 체격은 급격한 향상이 되어온 반면, 체력은 그렇지 못한 실정이다.

대한민국은 전 세계에서 유일한 분단국가이므로 강한 체력을 가진 군인이 필요하다. 이렇듯 체력이 약한 젊은이들을 강한 체력으로 만드는 역할을 하고 있는 집단이 바로 군이다.

군의 체력단련 목적은 국가안보를 수호하고 적의 군사적 도발을 대비해 수준 높은 체력을 유지하는 것이다. 특히 악조건에서 부하들을 관리하고 전투력을 창출하는 간부(부사관, 장교)는 가르치는 방법까지 알아야 정확하고 올바른 체력을 완성하여 전투력에 기여하리라 판단된다.

본 교재는 장차 초급간부로 임관할 군사학과(부사관, 장교)학생들을 대상으로 군사체육에 대한 기술을 습득하고 장병을 지도할 수 있는 능력 배양에 중점을 두었다.

따라서 본 교재에서는 제1장 군사체육의 이해, 제2장 운동생리학의 기초, 제3장 종목별 지도방법, 제4장 태권도(품새사진포함), 제5장 군사체육 실무지도 순으로 엮어 장차 임관하여 담당부대의 체력단련을 전문적으로 할 수 있고 매년 실시되는 군 체력검정을 잘 준비하여 개인발전에도 기여할 수 있도록 하였다.

이 책은 장차 군의 초급간부 양성의 중심인 군사학과 학생들에게 도움이 되기를 바라며 여러분과 군의 건승을 기원합니다!

2017년 7월　저자

차 례

chapter 1

군사 체육의 이해

1. 한국의 체육사
2. 군사 체육의 개념
3. 군사 체력단련의 원리

제1장 군사 체육의 이해

1 한국의 체육사

원시사회란 선사시대의 인간이 이룩한 낮은 수준의 문화나 사회를 일컫는 말이다. 원시 사회인들은 수렵활동을 통한 생활을 영위해야 하므로 건강한 체력을 필요로 하여 평소 훈련하는 과정을 통해서 체육이라는 원초적 성장을 한 것으로 볼 수 있다.

신화에 의하면 명궁수가 왕좌를 차지하는 것으로 보아 무예부분이 권력의 근간이 되어져 왔다. 씨족들 가운데 가장 강력한 통합적 힘을 지닌 씨족의 신화가 왕조의 시조 신화이자 건국신화인 것이다. 고대사회의 형성과정에서 무예의 연마는 전쟁을 수행하기 위한 것으로 그 임무를 완수하기 위해 부족 내 엄격한 규범의식을 갖추어야 했다. 이 규범의식이 무인정신으로 계승되어져 왔다.

고대사회의 무인정신 형성과정에서 무예는 대외적 전쟁을 수행하기 위한 엄격한 규범의식을 갖추어야 했고, 동족의 생명과 재산을 보호하고, 그 운명을 타개하는 전사로서 필요한 의무감을 지녀야 하므로 정신적으로 단련되어야 했다. 이런 정신이 무인정신으로 발달이 되었다.

고대사회는 부족 국가이므로 집단적인 생활이 요구 되었다. 그래서 공동적인 제전으로 제천 의식을 열고 부족별로 제천행사를 벌였다. 고구려의 동맹(東盟), 부여의 영고(迎鼓), 예(濊)의 무천(舞天), 신라의 가배(嘉俳), 삼한지역의 5월 파종과 10월 수확기의 제천행사 등이 있었다. 또한 오락을 위한 악기의 발달과 무용 등의 발달이 있었다.

전제왕권을 중심으로 결속된 고대국가는 군사력을 바탕으로 타 부족 국가를 정복을 하다 보니 귀족들은 강한 군사력을 가지게 되었다. 훈련을 보다 조직적이고 강화된 형식으로 발전시켰고, 유희(遊戲)나[1] 오락 요소가 강한 체육적인 교육내용이 자연스럽게 포함되어 발전되어 왔다. 예를 들어 신라의 화랑도, 고구려의 경당, 택견, 씨름 등이 출현한 것이다. 특히 화랑도의 훈련체계는 산속에 도장을 마련하여 무예와 정신면의 수련을 쌓았다. 고구려의 선인 역시 화랑과 비슷한 훈련을 했다.

특히 신라의 화랑은 산천을 주유하며 가무를 즐기고 심신을 훈련하였으며 산속에 도장을 마련하여 무예와 정신면의 수련을 쌓았다. 고구려의 선인(仙人) 역시 화랑과 비슷한 수련을 쌓았다. 신라의 화랑은 삼국통일을 이루는 중추적인 역할을 담당하였다.

고려는 귀족적인 문치(文治)주의를 표방하여 관직제도도 문반(文班)위주로 형성하다보니, 건강이 취약해질 수밖에 없었다. 이로 인해 건강관리에 신경을 쓰게 되었다. 또한 북방민의 잦은 침입과 정벌에 대한 야심으로 전국적인 군사훈련을 더욱 강화시키게 되어 고려의 무사적인 정신을 강화하게 되다보니 체육적인 면이 발전될 수밖에 없었다.

조선시대는 유교적 관료국가이다. 따라서 국민생활의 기본적인 규범의식을 강조하다보니, 자연스럽게 체육적인 면을 등한시 되었지만, 국방에 필요한 최소한의 무예훈련을 통해 체육활동은 지속되어 왔다. 귀격구(擊毬), 투호(投壺), 기국(碁局), 격봉(擊捧), 수박(手搏), 궁사(弓射), 설마(雪馬) 은 귀족과 서민의 유희, 오락 등이었다.

조선시대의 무예정신은 한량들에게서 찾을 수 있는데, 지방 선비들의 자

1) 유희는 당시의 지배층들은 무예를 통하여 유희적 생활을 하였고, 무술연마를 겸하여 기사로서의 사냥 등을 즐겼다. 삼국시대의 무예적 유희였던 석전(石戰), 수박(手搏), 각저 등이 이 시대부터의 전통이다.

제중심으로 형성된 지배계열이고 주로 무과에 응시하는 자들이다. 이들은 무관으로 등용이 어려워지자 산천을 주유하며 궁술과 무예를 닦고 호연지기를 기르는 생활을 했는데, 이러한 풍류는 신라의 화랑과 고려의 선랑에서 이어져 오는 무사의 전통을 이은 것이다. 이러한 정신은 임진왜란, 병자호란 등에서 나라를 지키는 원동력으로 작용하였다.

지금까지 한국 체육사를 종합하면, 수렵행위로부터 국방의 의무를 달성하기 위해서 무예훈련과 체육을 병행하여 발전되어왔음을 알 수 있다. 특히, 무인들의 훈련 시 정신적인 면을 강화하기 위해 체육활동이 시행되었다. 그 당시 체육활동이라는 용어로 사용되지 않았지만, 훈련 중심에는 체육활동이 포함되었음을 알 수 있다.

체력은 국력이라는 말처럼 체육의 역할은 국가적인 차원에서 매우 중요하다. 과거에는 군사체육으로서 국방을 위한 군사훈련 수단의 역할이 강조되어 병사들의 훈련과목 및 국력 과시의 수단으로도 체육이 실시되기도 하였다. 이처럼 오늘날에도 군사적인 측면뿐만 아니라 국민의 건강을 지키고 복지차원에서 그 필요성이 부각되고 있다.

2 군사 체육의 개념

1) 군사 체육의 개념

체육이란 인간의 신체활동 중에서도 "대근(大筋)활동을 수단으로 하는 신체에 의한 신체를 위한 교육이다."라고 할 수 있다. 체육의 목적은 '신체활동을 통한 건전한 인간의 육성'에 있으므로 건강교육과 구분된다. 즉 체육은 인간에게 안락한 삶과 활발한 활동 그리고 가장 좋은 봉사를 할 수 있는 인간을 육성하고 인간생활의 총체에 교육적으로 작용함으로써 체력과 정신배양은 물론 사회·정서적으로 풍부한 인간 형성이 가능한 교육이다.

따라서 체육은 인간의 사회적 활동의 원천이 되고, 모든 교육 중에서 가장 기초적인 교육이며, 바람직한 인간육성을 위하여 신체활동의 잠재적 가치를 최대한 추구함으로써 인간을 인간답게 하려는 것이 체육활동이라고 할 수 있다.

특히, 군은 전쟁시나 각종 환경에서 위험성이 내재되어 있고, 우발상황에 대비하기 위하여 개인 및 부대의 강인한 체력이 구비되어야 한다. 이는 군의 임무수행에 필수적인 요소이며 중요한 역할을 한다.

군사적인 측면에서 장병들이 모든 전투상황 하에서 임무를 수행하게 되므로 체력이 육체적, 정신적으로 완전한 상태에 있어야 하고, 자기 신체를 능동적으로 조절하여, 힘들고 어려운 일을 능률의 감소 없이 장시간 지속할 수 있어야 한다. 개인 및 부대의 임무를 수행하도록 준비되어 있어야 한다.

군인의 임무는 전투에서 승리하는데 있으며, 그 임무의 성공적인 수행요건은 상대적 우위의 전기·전술, 강인한 체력, 그리고 불굴의 정신력이라 말할 수 있다. 특히, 강인한 체력과 정신력은 계획적인 체육활동을 통해서 배양할 수 있다.

따라서 지휘관은 부대의 임무수행에 지장이 없는 범위 내에서 체육활동에 필요한 시간을 계획하고 장병들의 체력 향상을 위해서 노력해야 하고 전투력 증강의 기초를 강화시켜야 한다.

2) 군사 체육의 목적

군사 체육은 강건한 군인을 육성하는데 목적이 있다. 군사 체육은 건제단위로 부대원 전원이 참가하여야 하며, 장소에 구애됨이 없이 응집력과 인내심을 배양하여 궁극적으로 전투 체질화, 군인정신을 배양해야 한다.

강인한 체력단련을 통하여 어떠한 임무도 반드시 달성한다는 투철한 군인정신 함양과 부대전투력을 향상시키는데 있어 전장의 악조건을 체육환경에 반영하고 있다. 즉 기상의 악조건을 극복하고 단결심과 명예심을 강조하여 전투에서 승리를 하고자 하는 마음이 하나가 되기 위하여 평시 부단한 노력의 중심에 초급간부가 있어야 한다는 사실이다. 체육활동을 통하여 리더십을 배양해야 하고, 일사불란한 지휘체계, 복종심, 솔선수범, 부하들보다 우수한 체력은 전장에서 승리를 가져올 수 있는 바탕이 되고 있는 것이기에 부단한 노력을 해야 한다.

3) 군사 체육의 방침

군인의 임무는 전투에서 승리하는데 있으므로 성공적인 수행 요건은 상대적 우위의 전기·전술, 강인한 체력, 불굴의 정신력이라 할 수 있고, 특히 강인한 체력과 정신력은 계획적인 체육활동을 통해서 배양될 수 있다.

개인체육은 1인 1종목 이상을 선택하여 훈련을 통해 강인한 체력을 단련, 신체적응 능력을 배양하고, 운동 종목은 제한하지 않고 선택하도록 하고 있다.

간부체육은 전 간부가 선택된 운동 종목에 대하여 체육지도능력(전문성)을 구비하고, 비만증, 고혈압, 체중초과 방지와 심폐활동 촉진, 신체균형 유지 등 체력관리에 중점을 두고, 운동 종목 이외에 필요한 운동을 선택하여 스스로 실시하도록 하고 있다. 또한 국방부는 군사 체육의 활성화를 위해서 군 장교들의 체력측정 결과를 인사에 반영하였다. 이러한 혁신적 제도를 채택함으로써 군 체육의 활성화와 함께 사회의 생활체육을 선도하고 있다. 한국 사회에서 군사 체육은 분단국가라는 지정학적 입지 조건에 따라 타 국가와는 차별화된 정서를 갖고 광범위하게 관여하고 있다.

4) 군사 체육활동 시행

부대의 체육활동을 원활하게 수행하기 위한 계획은 신중하고 치밀하게 계획하고 시행되어야 한다. 체육활동 계획은 정규시간 활동계획과 과외시간 활동계획으로 구분되며, 주간 교육훈련 예정표에 개인 및 부대체육으로 반영하여 실시한다. 중대급 이하 지휘관(자)는 계획된 체육활동의 시행 책임이 있으며, 독립중대장급 이상 지휘관은 체육활동 계획수립 및 감독의 책임이 있다.

(1) 정규시간 활동계획

부대활동 계획에 의거 기초체육인 스트레칭, 도수체조, 뜀걸음, 태권도 등 아침점호시간, 체육시간 등을 활용하여 하여야 하며, 전투체육은 전투에서 필요한 강인한 체력을 단련하기 위한 활동인 기초 및 순환체력단련, 태권도, 산악행군, 장애물 운동, 구기운동 등이 포함되도록 하여 시행해야 한다.

(2) 과외시간 활동계획

과외시간 또는 공휴일 등 여가를 활용하는 것으로서 구기운동, 근력향상, 근지구력 및 심폐지구력 향상을 위한 운동 등이 포함되어야 하며, 제대단위인 분대, 소대단위의 집단체육 활동이 되도록 계획, 시행하여야 한다.

3 군사 체력단련의 원리

1) 체력단련의 목적

군에서 전투원에 기본적으로 구비해야 할 체력요소를 균형적으로 단련시켜서 전장상황하 난관을 극복할 수 있는 전투체력을 향상시키는데 목적이 있다. 군사 체력단련의 구체적인 목적은 다음과 같다.

- 전장의 악조건(산악, 하천, 장애물 등)을 극복하는 전투 체질화 형성
- 부대 단위 응집력과 사시 진작
- 개인의 스트레스 해소로 사고예방 및 군생활 적응력 향상
- 정서 순화로 건전한 국민육성에 기여

2) 군사 체력단련의 원리

군사 체력단련의 목표를 달성하기 위해서는 다음과 같은 원리가 적용되어야 한다.

(1) 과부하의 원리

과부하(overioad)란 사람이 일상생활을 하는 중에 받는 자극보다 더 강한 자극을 의미하는 것이다. 트레이닝 효과를 얻기 위해서 신체가 적응하고 있는 정도보다 더 강한 부하를 주어 이를 극복하도록 하여야 한다.

(2) 점증부하의 원리

점증부하(progressive load)의 원리는 트레이닝의 처방요건에 따라 운동의 질과 양을 점진적으로 증가해 가야 한다는 것을 뜻한다. 인체기관의 적응은 오랜 시간과 자극의 강도에 따라 다르게 변화되기 때문에 적절한 강도의 부하를 일정 시간을 두고 점진적으로 올려가야 한다. 즉 트레이닝 부하를 점점 강하게 증가시켜야 하고, 운동과제와 동작을 점진적으로 증가시켜야 효과를 기대할 수가 있다.

(3) 전면성의 원리

전면성의 원리란 신체의 특정부위나 일부 체력요소를 발달시키는 것이 아니라 전신을 고르게 발달시켜야 한다는 원칙이다. 유사한 개념으로 다면적 발달의 원리가 있다. 어린이나 청소년의 트레이닝이나 일반 건강운동을 하는 경우 전문화된 프로그램을 적용해야 한다는 원리이다.

(4) 개별성의 원리

개별성의 원리란 개인의 성장과 체력상태가 모두 다르기 때문에 개인의 특성을 고려하여 실시해야 한다는 원칙이다. 체력이 강한 사람은 강한 사람대로 약한 사람은 약한 사람대로 각자에게 맞는 프로그램을 마련해야 한다. 개별 수준에 맞는 프로그램은 심박수, 자각적 인지도, 최대 산소섭취량 등을 기초로 편성하는 것이 좋다.

(5) 반복성의 원리

반복성(repetitionality)의 원리란 트레이닝이 꾸준히 계속될 때 큰 효과를 거둘 수 있다는 원리이다. 반복성의 원리는 모든 체력단련의 기본이 되나 에너지적인 체력요소의 향상과는 큰 관계없이, 운동기술이나 전술의 습득 또는 의지력의 함양 등에 크게 적용되는 원리이다.

부하와 휴식, 피로와 회복을 합리적으로 배분하는 일이 무엇보다도 중요하며 운동의 반복횟수와 각 운동 사이의 휴식시간은 각 개인의 트레이닝 정도, 연령, 운동의 종류, 기상조건, 시설, 용구 등의 외재적 조건을 고려하여 결정해야 한다.

(6) 가변성의 원리

가변성(reversibility)의 원리란 트레이닝의 운동부하를 조절함으로써 트레이닝의 효과가 변화하는 것을 말한다. 즉 트레이닝 효과는 트레이닝 조건에 따라 항상 변화한다.

3) 군사체력 단련의 적용

군 장병들은 체력을 향상시켜야만 전장에서 원활한 전투력을 발휘할 수 있다. 특히, 기초체력 중 가장 많이 요구되는 능력은 근력이라 할 수 있다. 이는 웨이트 트레이닝을 통해서 향상시킬 수가 있다.

웨이트 트레이닝은 근력을 키우고 근육의 지구력을 향상시켜 모든 운동에서의 기술과 수행능력을 향상시키는데 도움을 주고 있다. 한편 병사들이 아침기상과 동시에 실시하는 구보는 심폐지구력을 단련시키는데 1차적인 목적이 있다.

(1) 근력

근력이란 근육이 힘을 발휘하는 능력을 말한다. 가령 물건을 들어 올리거나 물체를 미는 힘은 근력을 바탕으로 한다. 근육의 크기가 작으면 힘이 약할 수 밖에 없다. 따라서 근력 운동은 근육의 크기를 키우고, 여러 개의 근섬유가 동시에 운동에 동원될 수 있도록 운동단위를 증가시키는 것을 목적으로 한다. 또한 근력 운동은 이와 같은 근력 증대뿐만 아니라 팔굽혀펴기나 오래달리기와 같이 근육이 장시간 동안 지치지 않고 반복적인 힘을 발휘하는 능력, 즉 근지구력을 발달시킬 수 있다. 야전에서 근력을 요하는 훈련은 진지구축, 장애물 운반, 완전군장 행군 등이 있다.

(2) 순발력

순발력이란 최단시간에 최대의 힘을 발휘할 수 있는 능력을 말한다. 이 근력의 측정에는 수직 뛰기, 볼 던지기, 멀리뛰기 등을 쓰는 경우가 많다.

체력 요인의 하나이다. 야전에서 순발력을 요하는 훈련은 즉각조치사격, 각개전투 훈련시 현지이탈 및 장애물 극복 등이 있으며, 100m 달리기, 빠른 줄넘기, 제자리 멀리뛰기 등을 통하여 향상시킬 수 있다.

(3) 지구력

지구력에는 근지구력과 심폐지구력으로 구분하며, 근지구력은 일정한 시간 동안 피로를 느끼지 않고 어떤 활동을 지속적으로 할 수 있는 능력을 말한다. 이 능력에는 육체적인 조건뿐만 아니라 의지력 등 심리적 영향도 크다. 야전에서 근지구력을 요하는 훈련은 산악구보, 산악 장애물 운반, 외줄 오르기 등이 있으며 윗몸일으키기, 턱걸이, 평행봉, 서킷트레이닝, 순환식 체력단련 등을 통해서 근지구력을 향상시킬 수 있다.

심폐지구력이란 장시간 동안 체력단련을 수행하는데 필요한 영양소나 산소를 조직세포에 공급해 주는 심장, 폐, 순환계의 능력을 말한다. 야전에서 심폐지구력을 요하는 훈련은 산악구보, 행군 등이며 구보, 인터벌 트레이닝 등을 통해서 심폐지구력을 향상시킬 수 있다.

(4) 민첩성

민첩성은 빠른 속도로 움직이는 능력이고 모든 운동에서 민첩성은 중요한 역할을 한다. 운동의 목적에 따라 신체를 신속히 조작하는 능력으로, 신경· 감각 및 근(筋) 기능을 얼마나 효과적으로 동원하느냐에 따라 민첩성의 정도가 결정된다. 민첩성을 높이기 위해서는 지금까지의 운동 강도를 변화시키고 이미 정해진 한계를 넘어 더 높은 강도로 운동하는 새로운 조건을 만들어야 한다. 야전에서 민첩성을 요하는 훈련은 각개약진, 각종 장애물 넘기 등이 있으며 스타트 대쉬(20~50m), 지그재그 달리기 등을 통하여 향상시킬 수 있다.

(5) 평형성

평형성이란 신체를 일정한 자세로 유지할 수 있는 능력을 말한다. 일상생활이나 스포츠에 있어서 동작의 밸런스나 아름다움, 균형, 능률, 안전 등에 중요한 역할을 하는 능력을 말한다. 야전에서 평형성이 요구되고 향상시킬 수 있는 훈련은 유격훈련시 외줄 및 두줄건너기, 웅덩이 그네타기 등을 통해 향상시킬 수 있다.

(6) 유연성

유연성이란 관절과 관절을 최대한 이완시킬 수 있는 범위를 말하며 근육과 건, 인대에 의하여 조절된다. 예를들어 발목 염좌를 경험한 사람이면 발목이 움직일 수 있는 범위가 통증으로 인해 극히 제한된다는 것을 알 수 있다. 유연성이 높아질수록 특정 동작범위 내에서의 재빠른 피하기, 발차기, 거리조절 등 기능이 향상된다.

chapter 2

운동생리학의 기초

1. 운동생리학의 개념
2. 운동생리학의 필요성
3. 운동생리학적 반응과 적응
4. 체육학의 발달학적 기초

제2장 운동생리학의 기초

1 운동생리학의 개념

운동생리학이란 운동이라는 자극에 반응하여 일어나는 기능적인 변화와 규칙적이고 반복적인 결과로 나타나는 적응현상을 다루는 학문이다.

운동이란 '신체활동, 신체상태 또는 건강을 향상시키기 위하여 계획적인 의도를 가진 한번 이상의 자발적인 수행'을 의미한다. 생리학이란 '생체에 관한 지식의 한 분야로서 생체의 여러 가지 놀라운 구조와 기능에 관한 학문이다.'

운동생리학(運動生理學, physiology)의 기원은 19세기 말부터 20세기 초에 유럽의 의사들과 생물학자들이 운동과 고지에서의 생리학적인 반응을 연구함으로써 운동생리학이 태동되기 시작했다. 운동생리학의 학자로는 미국의 하버드대학교 교수이자 물리학자인 Henderson(1878-1942)은 혈액의 생리화학적 성분에 대한 연구로 빛나는 업적을 쌓았다.

1980년대 운동생리학자인 Brooks는 1922년부터 사용되어오던 산소부채의 개념을 새로운 EPOC(excessive post-exercise oxygen consumption) 이론으로 재정립하는 등 여러 연구 분야에서 큰 업적을 이룩하였다.

21세기의 운동생리학 분야는 최첨단과학기재에 힘입어 더욱 발전할 것이며, 운동과 노화(exercise and aging) 분야가 하나의 각광받는 연구분야가 될 것으로 전망한다.

적응이란 반복적인 운동자극, 즉 트레이닝(training)에 의해서는 어느 정도 지속적인 변화가 초래되는데, 이것을 적응(adaptation)이라 한다. 운동에 의한 적응은 심장용적의 증가, 총 혈액량의 증가와 같은 형태적 변화와 안정시 심박수나 동일한 운동부하에 대한 심박수 반응의 감소와 같은 기능적인 변화를 수반한다. 운동생리학은 개개인에게 가장 바람직한 적응상태를 도출하기 위해 운동이라는 자극의 합리적 적응을 모색하는 과학이다.

이러한 목적을 달성하기 위해 체육 관계자 및 군인들을 지휘하는 간부들은 다양한 형태의 운동에 인체가 나타내는 반응과 적응현상을 알고 그로 인한 기능적 변화의 원인에 대한 이해를 가져야 한다.

2 운동생리학의 필요성

군의 간부 및 체육·스포츠지도자, 건강관련 분야의 전문가들이 운동시 일어나는 인체의 생리학적 과정을 이해하는 것은 체육지도의 선행조건이 된다.

운동생리학을 포함한 여러 분야의 과학적 접근이 운동능력 향상에 도움이 되지만, 군 간부로서 많은 부하들을 관리하는 입장에서 최소한 인체에 대해 이해하지 못하면 인체의 수행능력을 극대화시키기 위한 최적의 방법을 찾을 수는 없을 것이다.

특히, 초급간부는 신체적 조건과 체력수준이 다양한 병사들을 지도하게 된다. 운동생리학적 기초는 성차와 개인차가 있는 다양한 집단을 지도할 때 도움을 준다. 또한 인체의 발육과 발달에 미치는 운동의 영향과 발달단계에 따른 운동기술의 습득과정을 이해하는 데 도움을 준다.

우리나라의 경우 식생활 양식이 서구화가 급속히 확산되어 2000년대 이후 질병의 양상도 서구화되어 고혈압, 당뇨병, 비만 등 만성퇴행성질환의 유병율이 크게 증가하고 있다. 따라서 정상적인 사람들에게도 이러한 질병을 예방하고 치료하기 위해 다양한 환경조건하에서 운동에 대한 반응을 이해하고 적용시킬 준 전문가 이상이 더욱 필요하게 되었다. 특히 군 간부로서 체육 지도에 있어서 기초 운동 생리학적으로 이해하고 적용시켜 나가야 한다.

3 운동생리학적 반응과 적응

모든 생명체는 많은 외부의 환경적 자극에 접하여 살아가고 있으며, 특정 자극에 접하게 될 때 그 생명체는 특정반응(response)을 통해 체내 항상성(homeostasis)을 유지하려고 한다. 항상성(homeostasis)는 homeo+stasis의 합성어로서 homeo은 'same'의 뜻이며, stasis는 'to stand or to stay'의 뜻이다.

항상성은 고정된 상태가 아니라 발생된 변화가 이에 상응하는 보상적인 생리적 반응에 의해 최소화되는 유동적인 상태로 이해해야 한다. 즉 세포는 생존에 적합한 환경 내에 있어야 제대로 기능을 발휘하게 된다. 세포의 화학적인 구성과 물리적인 상태, 즉 내부 환경은 아주 작은 범위 내에서만 변화가 가능하다. 만일 변화의 정도가 한계를 초과하게 되면 위험을 초래하게 된다. 인체는 적절한 내부 환경의 조성을 위해 끊임없이 다양한 생리작용을 일으키는 것이다.

항상성을 유지하기 위해서는 2가지 조절체계가 작용을 하여야 한다. 첫째로, 내재성 조절체계는 하나의 기관에 부여된 고유기능이다. 예를 들어 운동에 의하여 근육 내의 산소농도가 떨어지고 이산화탄소의 농도가 상승하게 되면 내재성 조절체계가 수축운동을 일으킨 근육에 분포된 혈관벽에 작용하여 혈류의 변화를 일으키게 되므로 활동근으로 많은 양의 혈액이 공급되어 산소와 이산화탄소의 농도가 적절한 수준으로 조절된다.

둘째로, 외재성 조절체계는 기관과 기관계의 활동을 변화시켜 내부환경의 항상성을 유지하는 체계이다. 주로 신경계와 내분비계에 의하여 이루어지며, 내재성 조절체계와 순환계가 동시에 작용하여 혈압을 다시 정상수준으로 올려놓게 되는 과정을 말한다.

운동 중에 생기는 항상성은 체온조절, 혈압조절, 산소/이산화탄소 분압, 혈당, 체내의 산-염기 조절을 위해 인체는 항상성을 유지하기 위해서 노력하고 있으며, 매 순간의 변화에 대한 인체의 반응이 항상성인데, 이러한 항상성 유지에는 여러 조절기관이 기능을 한다.

운동생리학적 입장에서 '운동(exercise)'이란 수많은 외적인 환경적 자극들 중에서 인간이 자의적으로 선택할 수 있는 일종의 외적인 자극이라는데 그 의미가 있다. 운동에 대한 인체의 반응의 예로 심박수 및 호흡수의 증가, 혈압의 상승 등이 있다.

반복적인 운동자극, 즉 트레이닝에 의한 어느 정도 지속적인 기능적 변화가 초래될 때 이것을 적응(adaptation)이라고 한다. 운동에 의한 적응은 심장용적의 증가, 총 혈액량의 증가와 같은 형태적 변화와 함께 안정시 심박수나 동일한 운동부하에 대한 심박수 반응의 감소와 같은 기능적인 변화를 수반한다.

그러나 운동이 모든 사람에게 동일한 적응상태를 유지하는 것은 아님을 알아야 한다. 외적 자극에 대한 반응이 부적절할 때 그 개체가 생명을 존속할 수 없는 것과 마찬가지로 운동이 사람에 따라서는 부적절한 반응을 유발시킬 수 있다. 따라서 가장 바람직한 적응상태를 도출하기 위해 운동이라는 자극의 합리적 적용을 모색하는 것이 운동과학의 가장 궁극적인 목적이 된다. 이러한 목적을 달성하기 위해서 인체가 나타나는 반응과 적응현상을 알고 기능적 변화에 대하여 이해정도는 필요하다.

4 체육학의 발달학적 기초

1) 성장과 발육

성장과 발육은 동의어로, 키가 커지고 몸무게가 늘어나며 근육의 크기가 증가하는 것과 같이 유전적 특징에 따른 잠재적인 요소의 발달로서, 신체의 크기가 양적으로 변화하는 것을 의미한다. 이러한 변화는 세포분열에 의한 세포수의 증가, 세포크기의 증가, 세포간의 부착물의 증가로 이루어진다. 이러한 진행은 연령에 따라, 신체의 부위에 따라 다르게 성장하게 되는 것이다.

2) 성숙과 발달

성숙은 크기에 대한 진행과정에 중점을 두고, 성장은 신체의 크기에 중점을 둘 때 표현된다. 예를 들어 두 아동이 아동기에는 몸집이 같았다고 해도 성인이 되면 몸의 크기가 다를 뿐만 아니라 진행단계나 진행속도도 다르게 성숙된다.

발달은 성장과 같은 의미로 사용되는데, 성장은 단순히 양적인 변화를 의미하지만, 발달은 시간의 추이에 따른 행동의 변화로서 성장의 결과로 나타나는 질적인 변화로 정의한다.

3) 학습

학습은 연습이나 경험을 통하여 나타나는 행동의 영구적인 변화로 정의하는데, 성장과 발달에 의한 기본능력이 외부의 가르침이나 자기 스스로의 경험에 의해서 추가·삭제·수정·보완되면서 변화하는 것을 의미한다.

chapter 3

종목별 지도방법

제3장 종목별 지도방법

1 족구

1) 경기개요 : 한국에서 생겨난 유일한 구기 종목

구 분	내 용
경기장	• 사이드라인 : 14~16m / 엔드라인 : 6~7m • 네트 높이 1m, 경기장 폭은 5m • 지주 높이 : 1.3m, 지주 지름은 10cm이상 15cm이하
사용구	• 공은 외주 길이 60cm~65cm, 중량 430g~480g • 공 압력 : 경기장에서 바운드하여 145cm~150cm 리바운드 되어야 한다.
복장	• 반바지, 반팔셔츠, 족구화(운동화) / 팀별 통일
경기개시	• 동전 토스(가위바위보)에서 이긴 팀에게 진영이나 서브의 선택권 부여
선수구성	• 5명(군대 족구는 2명도 가능)
경기의 승패	• 15점 1세트(3~5세트 정함)로 먼저 15점을 득점한 팀이 승자 획득한 점수와 규정된 세트를 많이 승리한 팀이 최종 승리 • 마지막 세트는 랠리 포인트 방식으로 한다.

※ 족구 구장[2)]

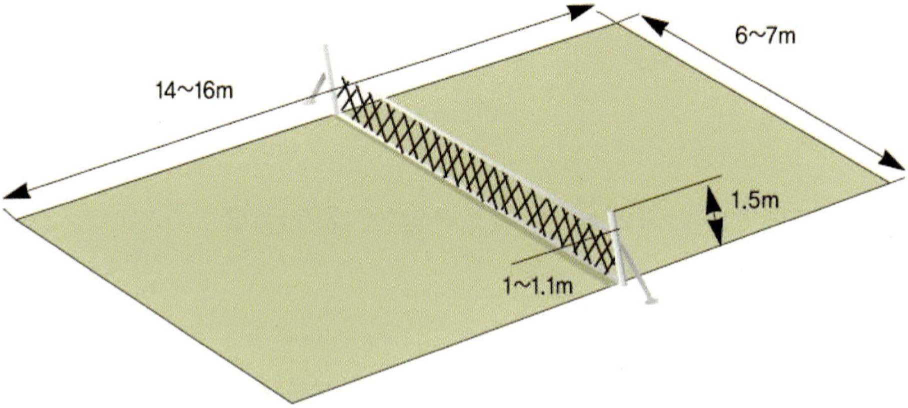

2) 경기규칙

(1) 서브

주심의 호각 신호에 따라 실시하고 휘슬 후 5초 이내 해야 하며 지연시 1회 주의, 2회부터는 실점이 된다. 신체가 라인에 닿고 서브를 하면 안되며, 노바운드로 해야 하며 바운드 서브시 실점이다.

서브반칙은 다음 각 항과 같다.

① 서브 전 착지한 신체가 제한구역(앤드라인, 사이드라인, 후의 3m) 선에 닿거나 이탈시
② 서브 후 공이 상대진영으로 넘지 못할 시
※ 서브한 공이 네트를 터치 후 넘는 것은 인플레이
③ 주심 시작 신호 후 타 선수에게 공을 넘기거나 터치한 경우

2) 네이버 스포츠 백과

(2) 신체 허용되는 부위는 턱 부분 이상 머리와 무릎관절 미만에 한하며 1인 1터치 후 타 선수가 터치할 수 있다.
(3) 드리블이란 1인이 연속적으로 두 번 이상 터치 또는 구르는 행위를 했을 때이고 공이 코트에 2회 이상 바운드시 실점이 된다.
(4) 선수교체시 주심은 다음 아래의 기준에 의하여 승인한다.
- 선수 명단에 게재된 선수 중 세트당 3명 이내에 자유롭게 교체할 수 있다.
- 다음 세트가 시작시 출전한 선수는 교체로 보지 않는다.
- 환자발생시 3분 내 휴식을 부여할 수 있으나 3분 후 해당 세트에 5명의 주전 선수 미구성 시 실격처리 한다.

(5) 각 세트의 최종점수는 15점이며 최종 세트는 8점 선취 후 코틀를 교체한다. (듀스 진행시 2점차 경기 종료)
(6) 넷 터치는 공격, 수비의 관계없이 신체의 부착된 어느 것이라도 네트에 접촉하였시는 실점이며 안테나 내측만이 네트이다.
(7) 아웃은 공격하여 공이 코트 밖으로 나가거나, 수비가 반격행위를 하려다 코트 밖으로 나갔을때, 공이 네트 아래로 완전히 통과 했을 때는 실점이다. 코트 밖에서 바운드와 신체가 동시에 접촉 시는 어드밴티지를 적용하여 공격 팀의 득점을 준다.
(8) 코트 플레이는 서브나 공격을 바로 가로막기를 할 수 있고, 바운드 후 네트상단에 공이 위치했을 시 공격 측에 공 점유우선권을 부여한다.(수비 측 터치시 실점)
(9) 득점 규정은 다음과 같다.
- 공격시 상대팀 지역에서 볼이 2회 이상 튀길 동안 경기자가 터치하지 못 했을 경우
- 주심의 시작 신호 없이 서브하여 득점하면 노-카운트며 2회부터는 팀 전체 선수가 바로 실점이 된다.

- 서브를 했을 때 상대팀이 받지 못한 경우
- 블로킹을 목적으로 몸의 어느 부위든 네트를 넘어 상대 진영에 들어 갔을 경우

(10) 선수교체 승인 후 5초 이내에 경기가 이뤄져야 하며 지연시 교체팀은 주의를 받는다.

(11) 작전타임은 매 세트 1회 1분간 실시하며 주심의 승인 하에 이루어진다.

(12) 퇴장은 다음 각 항의 경우에 해당되며 다음 한 경기에 출전할 수 없고 교대선수 중 교체하여 잔여경기를 한다.

- 한 경기에 2회 이상 경고시
- 경기에 불응하거나 경기 지연시
- 감정적 비신사적 행위시

3) 심판법

(1) 심판은 주심1, 부(기록)심1, 부(선)심2로 구성한다. 단, 여건상 제한됐을 시 재량껏 감원할 수 있으나 최소 2심제 이상 운용하여야 한다.

(2) 부심은 주심의 사각지역을 보좌하며 이는 기록과 네트플레이를 보좌하는 부심, 라인을 보좌하는 부심으로 나눠진다. 이에 주심의 반대편에서 네트플레이 등을 보좌하는 부심은 실점 발생시 주심에게 알리며 라인을 보좌하는 부심은 선에 대하여 인, 아웃을 주심에게 알린다.

(3) 심판법 세부내용은 다음과 같다.

① **세이프** : 손가락으로 공이 떨어진 지점을 가리킨다.
(선심이 수기로 가리킨다.)

② **아웃** : 양팔을 손바닥이 위로 가게 하여 양손을 나란히 얼굴 쪽

으로 구부린다.(선심을 수기로 지시한다.)

③ 넷 터치 : 한 손으로 네트 중간위치를 두들린다.

④ 오버네트 : 한손으로 네트 위에서 네트 너머로 넘긴다.

⑤ 인터페어 : 반칙한 선수를 가리키며 양손으로 미는 동작을 한다.

⑥ 핸드링 : 반칙한 선수를 지적한 후 오른손으로 왼쪽 손바닥을 두 번 두드린다.

⑦ 오버타임 : 오른쪽 손가락으로 4자를 표시한다.

⑧ 드리블 : 검지와 중지로 V자를 표시한다.

⑨ 기타 반칙은 심판의 경고가 되며, 2회 이상 경고를 받으면 퇴장한다.

4) 기초기술

(1) 서브

- 안전서브 : 발 안쪽으로 안전하게 차 넘기는 서브
- 강서브 : 발끝과 무릎을 일직선으로 하여 발등 부위로 강하게 차 넣는 서브
- 회전서브 : 공의 회전을 이용하여 리시브를 혼란스럽게 하는 서브

(2) 리시브

- 머리 리시브 : 볼이 빠르고 가슴 위쪽으로 올 경우 사용
- 발 안쪽 리시브 : 가장 많이 사용하는 안정된 리시브이며 토스 시에도 사용
- 발등 리시브 : 발 안쪽 리시브가 미치지 않아 다리를 펴서 하는 경우가 많은 리시브

(3) 토스

토스는 2번째 볼을 공격자에게 전달하는 기술로 발 안쪽과 머리로 하는 자세가 가장 많이 사용된다. 세터는 공격자의 특기와 능력을 고려하여 가장 좋은 공을 토스할 수 있도록 항상 생각하고 노력하여야 한다.

(4) 스파이크

- 발바닥 스파이크 : 태권도의 앞차기와 비슷하지만 발바닥 및 뒤꿈치 쪽으로 킥함으로써 강력한 공격이 된다.
- 앞돌려 발등차기 스파이크 : 몸의 회전력을 이용하여 뻗은 다리전체를 아래로 꺾듯이 공을 내려 차는 공격으로 몸은 360° 돌아 공의 방향을 봐야 한다.
- 헤딩 스파이크 : 가슴 위로 오는 볼을 빠르게 공격하거나 토스한 공이 발로 공격 하기 어려운 때 실시하는 공격으로 타이밍을 맞추어 강한 공격이 되도록 해야 한다.
- 탭핑 스파이크 : 발바닥으로 가볍게 넘기는 것으로 강한 공격보다는 헤딩 공격과 같이 페인팅 및 보조 공격으로 많이 사용된다.

2 축구

1) 경기개요

구 분	내 용
경기장	• 터치라인(90~120m), 골 라인(45~90m) ※ 국제축구연맹 규격 : 터치라인 105m, 골 라인 68m • 골 포스트 : 2.44m, 골 크로스바 : 7.32m
사용구	• 무게 : 410~450g • 압력 : 254cm 높이에서 바운드하여 152~162cm 튀어야 한다.
복장	• 유니폼(셔츠, 팬츠), 포지션 번호 부착, 축구화, 스타킹, 각종 보호대 • 골키퍼는 다른 선수나 주심과 구별되는 유니폼 착용 • 모든 장신구는(목걸이, 반지, 팔찌, 귀걸이 등) 금지
경기개시	• 동전으로 토스에서 진영이나 킥오프 선택 (토스해서 이긴팀 우선권 부여)
선수구성	• 11명(골키퍼 포함 / 교대선수 3명)
경기시간	• 전, 후반 45분, 휴식 10분 ※ 연장전 : 휴식 없이 전, 후반 15분

※ 축구 구장[3)]

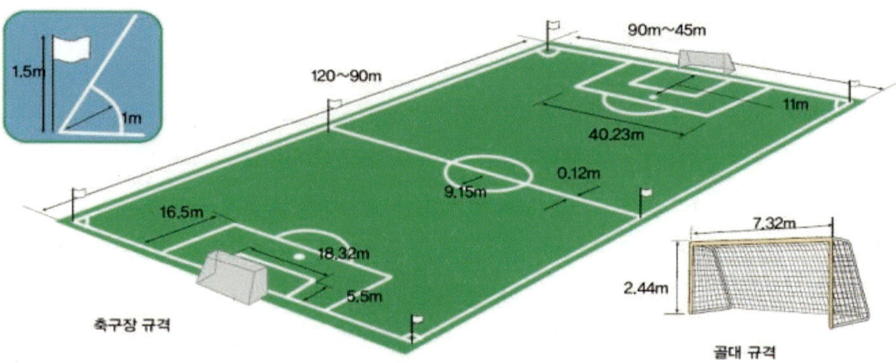

축구장 규격

골대 규격

3) 네이버 스포츠 백과

2) 경기규칙

(1) 자기편이 패스한 공을 페널티 지역 내에서 골키퍼는 손으로 잡을 수 없다. 만약 손으로 공을 잡게 되면 그 지점에서 간접 프리킥을 당하게 된다. 그러나 머리 또는 가슴을 이용하여 패스한 경우는 무관하다. 골키퍼는 페널티킥을 당할 경우 골 라인 위에서 양발을 좌우로 움직일 수는 있으나 앞뒤로 움직여서는 안 된다.

골키퍼가 킥한 공도 직접 득점이 될 수 있다.

(2) 드로우인

- 볼이 완전히 터치 라인을 넘었을 때, 최후로 볼과 접촉한 선수의 상대편에게 그 지점에서 드로우 인의 기회가 주어진다.
- 드로우 인을 한 볼이 타 선수에게 닿기 전에 드로우인한 선수가 직접 처리할 수 없다.
- 드로우 인을 할 경우는 양손을 사용하고 머리 뒤에서부터 시작하여 머리위를 지나게 양팔을 펴서 던져야 하며, 지면에서 양발이 떨어져도 안 된다.
- 드로우 인을 할 경우는 오프사이드 반칙이 적용되지 않는다.
- 드로우 인에 인하여 직접 골인되어도 득점이 되지 않는다.

(3) 코너 킥

- 볼이 골라인을 넘었을 때, 그 볼을 최후로 터치한 선수가 수비 측이면 볼이 나간 쪽 코너에서 공격 측에게 프리킥을 준다.
- 코너 기를 움직이면 안 되고 코너의 1/4 안에서 해야 한다.
- 코너킥을 할 때 수비자는 9.15m 이내에 접근해서는 안된다.
- 코너킥한 볼은 직접 득점될 수 있다.

(4) 골 킥 : 골 에어리어에서의 간접 프리킥

- 볼이 나간 지점에서 가까운 쪽의 골 에어리어 안에 공을 정지시킨 후 다른 몸에 닿지 않고 직접 페널티 지역 밖으로 차 내야 한다.
- 페널티 에어리어 안으로 상대 선수는 절대 들어가서는 안 된다.
- 골키퍼가 골 라인에 놓고 찰 수는 있으나, 들고 차서는 안 된다.
- 골킥은 오프사이드 반칙이 적용되지 않으며 직접 득점될 수 없다.
- 수비선수는 페널티 지역 안에서 공을 받아서는 안 된다.

(5) 패널티 킥

페널티 에어리어 안에서 수비팀 선수가 일으킨 파울 중 직접프리킥인 경우에 공격 팀이 페널티마크(penaltymark) 위에 볼을 올려놓고 골키퍼(goalkeeper)와 일대일 상황에서 차는 킥을 말한다.

- 볼을 킥하는 선수와 골키퍼를 제외한 다른 모든 선수는 페널티 에어리어 밖으로 나가 있어야 한다.
- 골키퍼는 키커보다 전·후로 먼저 움직여서는 안되고, 양발이 골라 인에서 떨어져서도 안된다.
- 키커가 찬 볼이 키퍼나 골대를 맞고 나와서 노 골인이 되었을 때, 어느 선수라도 그 공을 다시 차서 골인시킬 수 있다.
- 페널티킥을 차는 중에 골키퍼나 수비 선수의 반칙이 있는 경우 그 공이 골인이 되지 않으면 다시 페널티킥을 하고 골인이 되면 그대로 인정한다.

(6) 프리 킥

시합 중 반칙이 발생하면 주심은 간접 프리킥인지 직접 프리킥인지를 즉시 알려야 하며, 수비 선수는 공으로부터 9.15m 떨어져 있어야 하고, 자기 팀 페널티 에어리어 안에서 프리킥을 하는 경우는 페널티 에어리어 밖으로 차 내지 않고 골키퍼에게 직접 패스할 수 없다.

- 골 에어리어 안에서 간접 프리킥에 해당하는 반칙을 범했을 경우에는 골 에어리어 선상에서 간접 프리킥을 행한다.
- 간접 프리킥의 경우에는 득점으로 인정이 안 된다.
- 다음의 경우에는 프리킥을 다시 하게 된다.
  - 프리킥을 반칙이 생긴 지점 이외의 곳에서 한 경우
  - 주심이 인 플레이 하기 전에 공을 플레이 했을 경우
  - 공이 움직이고 있을 때 킥을 했을 경우
  - 수비 측이 자기 진영의 페널티 에어리어 안에서 프리킥을 행할 경우 공격 측이 페널티 에어리어 밖으로 나가지 않은 상태에서 플레이 했을 경우

(7) 경고를 주게 되는 경우

- 경기가 시작되면 반드시 주심을 승인을 받고 경기장으로 들어가고 나오고 해야 한다. 미승인시 경고를 준다.
  (사고에 의한 경우는 제외)
- 지속적으로 경기 규칙을 위반했을 경우
- 언어 또는 행동으로 주심의 판정에 이의를 표시했을 경우
- 비신사적 행위를 했을 경우

(8) 퇴장을 명령하게 되는 경우

- 난폭한 행위, 또는 현저한 부정 플레이를 할 경우
- 험상궂은 욕 또는 모욕적인 발언을 했을 경우
- 한 경기에서 두 번째 경고를 받은 경우
- 수비간 측·후방에서 과격한 태클 시

※ 위 사항을 위반했을 경우 선수를 퇴장시키고, 그 지점에서 상대방에게 프리킥을 준다.

(9) 직접 프리킥

다음의 9가지 항목을 위반했을 경우는 위반이 발생한 지점에서 상대팀에게 직접 프리킥을 허용하며 직접 프리킥은 직접 득점으로 연결할 수 있다.

- 킥 킹 : 상대를 발로 차거나 차려고 할 경우
- 트리핑 : 상대를 걸었거나 걸어 넘어뜨리려고 할 경우
- 점핑 : 공과 관계없이 상대에게 뛰어 덤벼들 때
- 파울 차징 : 난폭, 또는 위험한 방법으로 상대를 차징하는 경우
- 백 차징 : 방해자지 않는 상대를 등 뒤에서 차징하는 경우
- 홀딩 : 상대를 잡는 경우
- 푸싱 : 상대를 미는 경우
- 핸드링 : 공을 손으로 다루는 행위(단, 고의가 아닌 경우는 제외)
- 난폭한 행동, 위험한 행동이라고 심판이 판정했을 때

(10) 간접 프리킥

선수가 다음의 항목을 위반했을 경우는 상대편 팀에게 간접 프리킥을 주며 직접 득점할 수 없다.

- 주심이 위험하다고 인정한 플레이
- 공과 관계없이 상대방을 차징하려고 할 경우
- 공을 플레이 하지 않고 고의로 상대방을 방해하는 행위
- 골키퍼가 공을 갖고 고의로 시간을 지연시키는 경우(6초 초과)

(11) 오프 사이드

공격 팀의 한 선수가 공보다 먼저 상대방 진영에 있고 수비측 선수 2명 이상이 골 라인과 그 선수 사이에 없을 경우

(12) 오프사이드가 아닌 경우

- 골킥, 코너킥, 드로우인, 최후로 상대편 선수가 터치한 공을 잡는 경우(패스미스와 입터셉트)
- 주심의 드롭 볼을 직접 받았을 경우
- 센터라인을 넘지 않았을 경우
- 오프사이드 위치에 있어도 공격하는 팀에 직접 이익이 되지 않는 상황이라고 주심이 판단했을 경우

(13) 승부차기

경기 시작하기 전에 5명의 승부차기 선수 명단을 제출한다.
순서에 따라 한 선수씩 교대로 5명이 차서 그 득점 합계로 승부를 결정한다. 5명이 모두 킥을 한 후에 득점이 무승부일 경우는 5명 이외의 선수 중에서 한 사람씩 교대로 차서 승부를 가린다.

3) 심판법

(1) 임무

주 심	부 심
• 경기규칙 시행하며 경기에 관한 모든 일을 판정한다. • 경기시간을 기록하며 사고나 기타 원인으로 소비한 시간은 그만큼 연장한다. • 경기장 입장 시부터 경기의 불법행위 또는 비신사적 행동에 대해서 경고 및 시합 참가를 중지시킬 수 있다.	• 공의 아웃 오브 바운드의 판정을 내린다. • 코너킥, 골킥, 드로우인의 판정을 내린다. • 난폭한 플레이나 비신사적 행위가 있을 경우에 주심의 주의를 촉구한다. • 어떤 문제점에 관해서 주심이 상의하고자 할 경우 의견을 진술한다. • 오프사이드 반칙을 판정한다.

(2) 주심의 수신호(핸드 시그널)

플레이온 (어드벤티지)	간접 프리킥	직접 프리킥	페널티킥
 어드벤티지	 간접프리킥	 직접프리킥	

골킥	코너킥	경고	퇴장
		 옐로우카드	 레드카드

(3) 부심의 수신호(핸드 시그널)

오프사이드	오프사이드 (가까운 지점)	오프사이드 (중앙 지점)	오프사이드 (먼 지점)

드로우인	코너킥
	 코너킥시

4) 기초기술

(1) 킥의 종류

인사이드킥 : 안 쪽 복사뼈 밑의 부분으로 차는 기술로서 비교적 가까운 거리와 중거리 패스를 위하여 사용하며 실시요령은 다음과 같다.(정확한 패스를 할 경우 사용한다)

- 몸무게를 지탱하는 다리의 무릎을 가볍게 구부려 밸런스를 유지한다.
- 공을 찰 때는 발의 내측이 앞을 향하게 하고 발끝을 약간 위로 향하도록 하여야 한다.

인스텝드킥 : 볼을 찰 때에 발등을 이용하여 공의 속도가 빠르고 강한 공을 찰 때 필요하며 실시요령은 다음과 같다.

- 체중을 지탱하는 발은 가볍게 구부려 몸에 균형을 유지하고 발끝은 보내고자 하는 방향과 일치하도록 하여야 한다.
- 발의 스윙은 허리를 중심으로 킥을 한 후 발의 팔로우 스로우를 자연스럽게 실시하여 볼의 방향이 흐트러지지 않게 하여야 한다.

인프론트킥 : 발등 안쪽 부위를 사용하여 볼을 회전시켜 안 쪽 커브를 그리게 차는 기술로서 프리킥, 코너킥 등 주로 멀리 찰 때 사용하며 실시요령은 다음과 같다.

- 볼의 옆 20~30cm 정도에 몸무게를 지지하는 발을 위치한다.
- 가슴을 펴고 팔을 크게 흔들면서 몸무게를 지지하는 발의 바깥쪽으로 약간 상체를 경사지게 한다.
- 이 때 땅에 부착된 다리의 무릎은 약간 굽혀진 대로 밸런스를 유지하면서 볼을 차는 무릎과 발목은 진동과 함께 앞으로 뻗치며 발끝을 편다.
- 볼의 수직 중심선보다 바깥쪽 부분을 차야 한다는 것과 그것으로 인하여 볼의 진로는 커브를 이루게 된다는 것을 알아야 한다.

(2) 트래핑의 원칙

공의 방향, 성질, 속도를 정확히 판단하고 재빠르게 이동하여 자기 몸의 정면에서 공을 컨트롤 한다.

무릎을 약간 구부리고 신체의 유연성을 이용하고 힘을 빼고 가볍게 끌어당기는 듯한 동작으로 트래핑을 해야 한다. 가장 중요한 것은 다음 동작과 연결되도록 몸의 중심을 낮추고 공을 주시해야 한다.

(3) 트래핑의 종류

- **발등 트래핑** : 공중에 있은 공을 발등으로 받아 내리는 듯이 하여 공을 자기 지배하에 놓는 방법인데 정면으로부터 낙하하여 오는 공을 처리할 때 흔히 쓰는 방법이다.
- **발의 안쪽 트래핑** : 리바운드 되어지는 공 위에 발의 안쪽 부분과 접촉시켜 튀켜나가는 힘을 제거시켜 공을 안전하게 자기 것으로 만 드는 방법이다.
- **대퇴부 트래핑** : 무릎과 허리 사이로 오는 공을 트래핑할 때 하는 방법이며 대퇴부위의 내측과 외측을 사용할 수 있다. 발을 높이 올려하는 트래핑에 비해 동작이 작고 다음 동작으로 이동할 때 재빨리 움직일 수 있는 방법이다.
- **복부 트래핑** : 정면에서 낙하하여 리바운드되어 오르는 공을 복부에 접촉시켜 자기 발밑에 놓이도록 컨트롤 하는 방법이다.
- **가슴 트래핑** : 가슴 부위를 사용하여 공을 컨트롤 하는 방법으로 공이 가슴에 닿는 순간 가슴을 폈던 자세에서 약간 뒤로 당기는 듯한 동작으로 공을 발 밑으로 떨어뜨리는 방법이다.

(4) 헤딩은 공중에 뜬 볼을 처리하며 슛팅 하는데 가장 중요한 기술이다.

- 눈을 뜨고 볼을 보면서 한다.
- 정확히 이마로 한다.
- 허리를 사용하되 고정하고 상반신 전체를 사용한다.
- 헤딩의 종류 : 스탠딩 헤딩, 점프 헤딩, 다이빙 헤딩

(5) 드리볼의 방법

공을 밀어낸다는 감각적인 면에 주의하여 공을 터치한다. 달릴 때 무릎을 가볍게 구부리고 발목에 유연성을 확보하면서 보폭이 작도록 하는 주법으로 달리면서 방향전환, 패스, 슛을 할 수 있도록 하는 주법을 택해야 한다.

달리는 자세는 중심을 낮추는 자세가 좋으며, 공의 속도를 감소시키는 공을 역회전되게 공의 하부를 차는 것이 아니고 발목의 스냅을 가하는 기분으로 컨트롤 한다.

눈은 공을 주시해야 하는 것이 원칙이나 주위의 상황을 자기의 시야에 넣을 수 있도록 해야 한다.

3 풋살

1) 경기개요

구 분	내 용
경기장	• 경기장은 반드시 직사각형이어야 한다. • 터치라인(두 개의 긴 경계선) : 25~42m • 골라인(두 개의 짧은 경계선) : 16~25m • 골문 : 가로 3m, 세로 2m ※ 표면은 평평하고 부드러워야 하며, 나무 혹은 인공 소재를 권장한다. 콘크리트나 아스팔트는 피해야 한다.
사용구	• 둘레 길이는 최소 62cm 이상 64cm 이하 • 무게 : 400~440g • 압력 : 2m 높이에서 바운드하여 50~65cm 튀어야 한다.
복장	• 번호가 있는 통일된 셔츠 및 반바지, 양말, 정강이 보호대, 신발 • 골키퍼는 긴 바지의 착용이 가능하고 심판과 다른 선수들과 구분된 복장 착용
경기개시	• 동전으로 토스에서 이긴 팀에게 진영이나 킥오프의 선택권 부여
선수구성	• 5명(교대선수 7명까지 가능)
경기시간	• 전반 20분 / 후반 20분 • 전반 후 휴식시간 15분
경기의 승패	• 필드골, 페널티킥 등 다득점 한 팀이 승리

※ 풋살구장[4)]

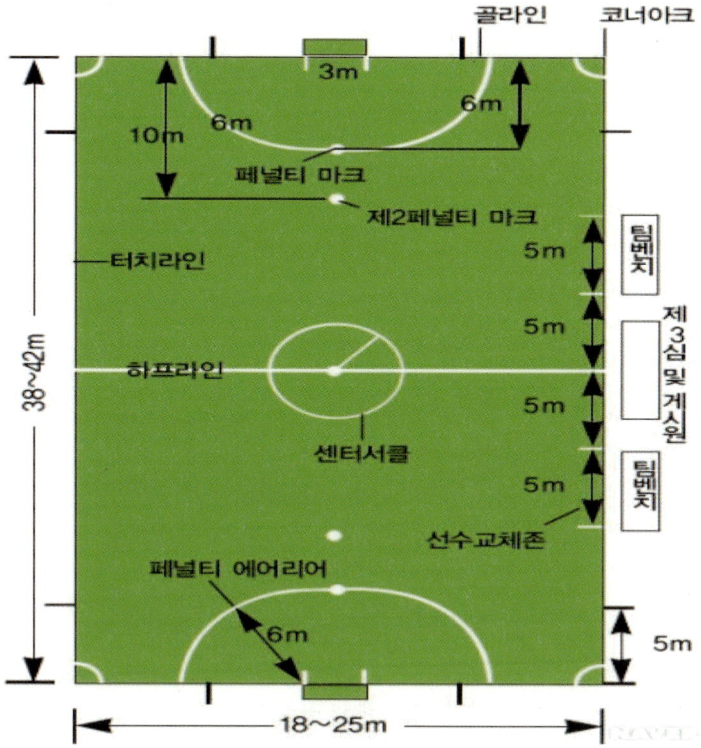

- 센터 마크는 중앙선의 가운데 지점에 표시한다.
- 센터 서클은 반지름이 3m인 원을 그려 표시한다.
- 코너 킥을 실시할 때 수비 선수들이 규정 거리를 지키도록 하기 위한 표시로, 코너아크에서 5m 떨어진 곳에 골 라인과 직각이 되도록 경기장밖에 그려야 한다.
- 두 번째 페널티 마크에서 좌우로 5m 떨어진 두 개의 추가적인 마크는 세컨드 페널티 마크에서 킥을 할 때 물러나야 하는 최소한의 거리를 가리키는 것으로 경기장 위에 그려야 한다. 이 마크의 너비는 8cm이다.

4) 네이버 스포츠 백과

2) 경기규칙

(1) 직접 프리킥, 페널티킥(페널티 지역에서 수비 선수의 고의적인 파울일 경우) ※ 직접 프리킥은 반칙 지점에서 실시

- 상대 선수를 차거나 또는 차려고 할 때. [kicks]
- 상대 선수를 걸었을 때. [trips]
- 상대 선수에게 뛰어 덤벼들었을 때. [jumps at]
- 상대 선수를 차징했을 때. [charges]
- 상대 선수를 때리거나 또는 때리려고 했을 때. [strikes]
- 상대 선수를 밀었을 때. [pushes]
- 상대 선수를 태클했을 때. [tackles]
- 상대 선수를 붙잡았을 때. [holds]
- 상대 선수에게 침을 뱉었을 때. [spits at]
- 의도적으로 볼에 손을 댔을 때. [handles the ball]

(2) 반칙이 일어난 곳에서 간접 프리킥을 할 경우

- 빠른 선수 교체시 선수가 완전히 경기장 밖으로 나오지 않은 상태에서 경기장 안으로 들어갈 경우
- 심판의 판정에 반대하는 행동이나 항의할 경우
- 비신사적인 행위를 할 경우

※ 페널티 에어리어에서 일어난 경우는 반칙이 일어난 가장 가까운 6m 라인에서 간접 프리킥을 한다.

(3) 하프라인에서 상대팀에게 간접 프리킥을 주는 경우

골키퍼가 공을 잡고 있을 때 상대선수가 공을 차려고 한다든지 하는 위험한 행동을 할 경우, 상대 선수와 공 사이에서 뛰거나, 몸으로 상대방을 막는 식의 고의적으로 방해할 경우, 페널티 에어리어 밖에

나와 있지 않은 골키퍼를 공격할 경우

※ 골키퍼 행동에 의한 간접 프리킥은 다음과 같다.(페널티 안에서는 6m 프리킥 적용)

- 자기 팀의 선수가 킥한 공이 바로 패스되었거나 손으로 취급했을 경우
- 공을 4초 이상 손이나 발로 만지거나 조정할 경우
- 공을 던지거나 차서 공이 중앙선을 지났는데 상대편이 공을 건드리지 않은 상태로 다시 공을 자기 팀으로부터 돌려 받았을 경우

(4) 프리킥시 유의사항

골키퍼는 공에서 5m 떨어진 페널티 에어리어 안에 있을 수 있다. 수비선수는 공에서 5m 떨어져 있어야 하며 프리킥하는 선수를 막을 수 없다. 프리킥을 하는 선수는 득점하려는 의도로 킥을 해야 하며 다른 선수에게 패스 해서는 안되며, 프리킥 후 골키퍼가 터치하거나 골포스트나 크로스바로부터 리바운드되거나 경기장 밖으로 나갈 경우까지 어떤 선수도 공을 터치할 수 없다.

(5) 퇴장에 대한 조치

퇴장당한 선수는 다시 경기를 할 수 없으며, 벤치에도 앉을 수 없다. 퇴장 후 선수가 많은 팀에서 2분 이내 득점을 하면 선수가 적은 팀에서는 한 명의 선수를 채울 수 있다. 그러나 선수가 적은 팀이 득점할 경우 선수 숫자는 변동이 없다.

(6) 누적된 파울이 5개인 팀은 반칙에 관계없이 직접 프리킥을 주며 선수 장벽을 칠 수 있는 반면, 6개의 파울부터는 프리킥시 선수장벽을 칠 수 없다.

(7) 페널티킥

골키퍼와 페널티킥을 할 선수를 제외하고 모든 선수들은 페널티 에어리어 바깥쪽, 페널티 마크로부터 5m 밖에 있어야 한다. 공의 원주만큼 움직인 후 인 플레이가 되고 골키퍼는 킥이 실행될 경우까지 골포스트 사이의 골 라인에 발을 붙이고 서 있어야 한다.

(8) 코너킥

코너킥은 정확하게 골라인과 터치라인이 교차되는 교차점에서 킥을 한다. 상대팀 선수들은 공의 원주만큼 움직이기 전에는 5m 이내로 접근할 수 없으며, 코너킥을 하는 선수는 다른 선수가 공을 터치하거나 플레이하기 전에는 재차 공을 찰 수 없으며, 코너킥으로 직접 득점할 수 있다.

3) 심판법

(1) 주심의 임무

- 부심들과 협조하여 경기를 관리한다.
- 경기에 관련된 모든 내용을 기록한다.
- 선수가 심한 부상을 입었다면, 경기를 중단시키고 그 선수를 경기장에서 나가도록 한다.
- 상처에서 피가 나는 선수는 경기장을 떠나도록 한다. 재 입장시 주심의 신호를 받아야만 입장 가능하다.
- 주심이 경기장에 들어온 순간부터 선수에 대해 경고를 할 수 있고 계속 벌칙을 지속할 경우 퇴장시킬 수 있다.
- 경기가 중단되어 다시 시작될 경우 시작하는 신호를 한다.

(2) 부심의 임무 : 주심들과 계시원을 도와준다.

- 주심들의 볼 교체요구에 대비 볼을 준비한다.
- 교체 선수들이 경기장 입장 전에 장비를 검사한다.

(3) 계시원의 임무

경기시간을 확인한다. 킥 오프, 킥인, 골 치우기, 코너킥, 프리킥, 첫 번째나 두 번째 패널티 마크로부터의 킥, 작전타임이나 드롭볼의 경우 시간을 계산한다.
공이 아웃 오브 플레이될 경우 계측시계를 정지하며 선수가 퇴장당했을 경우 2분 퇴장시간을 계산한다.
전반 끝, 경기의 끝, 연장시간의 끝을 휘슬이나 주심이 사용하는 것과 다른 소리나는 시그널로 알린다. 각 팀의 잔여 작전타임 횟수를 주심과 팀에게 알리고 작전타임 요청시 허락을 표시한다.
심판들에게 받은 각 팀의 전, 후반 처음 5개의 파울을 기록한다.
1분 작전타임을 체크한다.

4 농구

1) 경기개요

<table>
<tr><th>구 분</th><th>내 용</th></tr>
<tr><td>경기장</td><td>• 바닥이 단단한 직사각형, 사이드라인 : 28m, 너비 : 15m
• 코트 천정 높이 : 7m 이상, 골대 높이 : 3.5m</td></tr>
<tr><td>사용구</td><td>• 볼의 표면 : 어두운 오렌지색, 외피 : 가죽 또는 고무
• 공의 둘레 : 75～78cm
• 무게 : 567～650g
• 압력 : 1.8m 높이에서 바운드하여 1.2~1.4m 리바운드 되어야 한다.</td></tr>
<tr><td>복장</td><td>• 통일된 포지션 번호가 있는 긴소매나 반소매 셔츠를 착용하고 반바지 착용</td></tr>
<tr><td>경기개시</td><td>• 센터 써클에서 점프볼에 의해 경기시작</td></tr>
<tr><td>선수구성</td><td>• 5명(교대선수 7명)</td></tr>
<tr><td>경기시간</td><td>• 피리어드당 경기시간
<table>
<tr><th>구 분</th><th>1피리어드</th><th>2피리어드</th><th>휴식</th><th>3피리어드</th><th>4피리어드</th><th>연장전</th></tr>
<tr><td>중학교</td><td>8분</td><td>8분</td><td>15분</td><td>8분</td><td>8분</td><td>5분</td></tr>
<tr><td>교고 이상</td><td>10분</td><td>10분</td><td>15분</td><td>10분</td><td>10분</td><td>5분</td></tr>
</table>
※ 1, 2피리어드 사이와 3, 4피리어드 및 연장전 전의 휴식시간은 2분이다.
• 작전타임은 전반 2회, 후반 3회, 매 연장전마다 1분씩 주어진다.</td></tr>
<tr><td>경기의 승패</td><td>• 경기 시간 내 다득점시 승리한다.
(무승부시 연장전)
※ 2점(필드골), 3점(3점슛), 1점(프리드로우)</td></tr>
</table>

※ 농구장[5)]

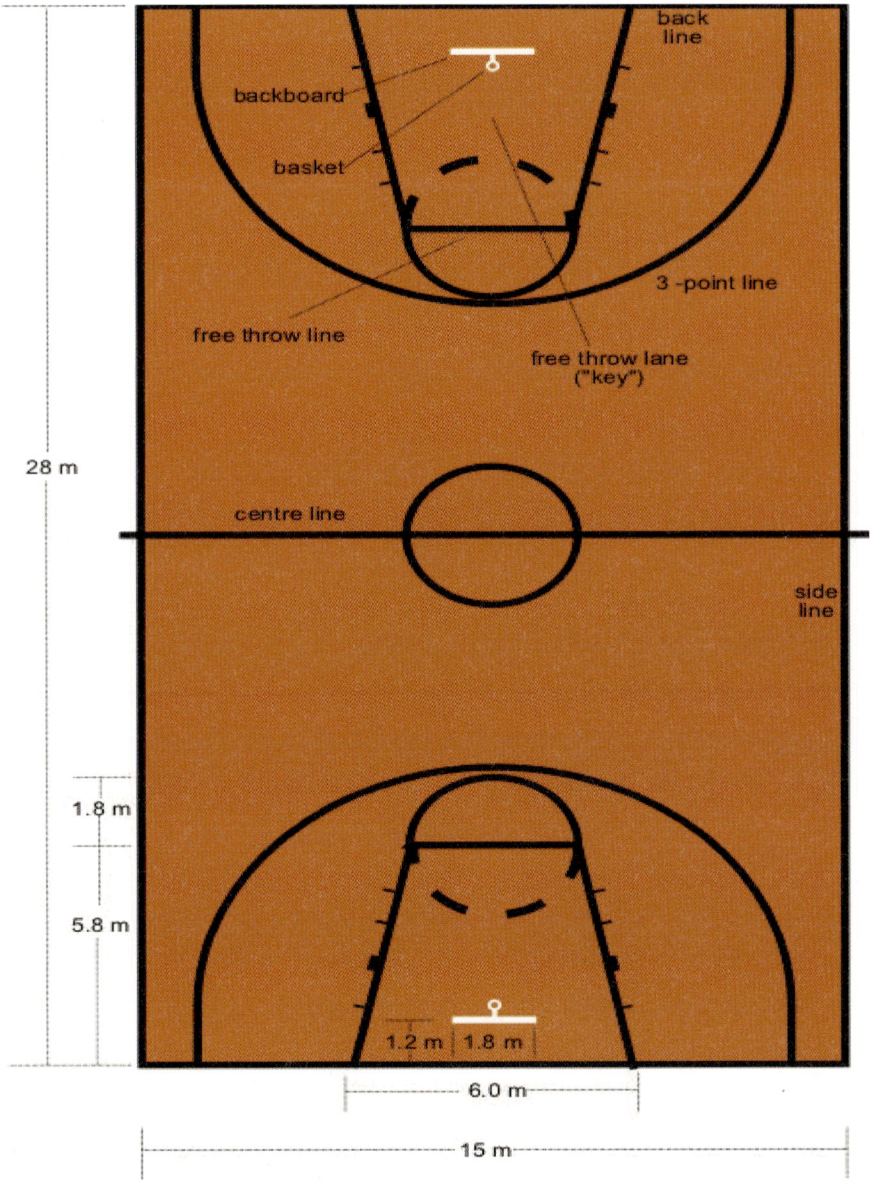

5) 네이버 스포츠 백과

2) 경기규칙

(1) 바이얼레이션

- 하프 라인 바이얼레이션(Half line violation) : 공격 팀이 공을 센터 라인을 넘어서는 프런트 코트로 가져갔다가 다시 자기 센터 라인을 넘어서 자기 코트로 공을 보내는 반칙
- 워킹, 킥킹, 오버 드리블, 더블 드리블, 점프볼의 위반 등
- 3초룰 : 자기 팀이 공을 다루고 있는 동안에 상대방의 제한구역 안에 3초 이상 머문 반칙
- 5초룰 : 상대방에게 접근 또는 밀집 방어를 당해 5초 이상 패스, 숏 등을 하지 못하고 공을 잡고 정지하거나, 엔드라인 및 사이드 라인에서 드로우인할 경우 5초를 경과한 반칙
- 8초룰 : 자기 코트에서 공을 잡은 팀이 그 순간부터 8초 이내에 상대방 코트로 넘기지 못한 반칙
- 24초룰 : 공을 잡은 순간부터 24초 이내에 슛하지 못한 반칙

(2) 골인이 되면 실점을 당한 팀은 엔드라인 밖에서 5초 이내에 드로우인으로 경기를 계속한다.

(3) 공중에 떠 있는 공을 두 번 연속 터치하거나 손바닥을 위로 향하였다가 다시 드리블하면 반칙이다.

(4) 라인 밖으로 나간 공은 주심의 핸드링 후에 드로우인을 해야 하고 그 공을 다른 선수가 받기 전에 다시 잡으면 반칙이다.

(5) 두 팀의 선수가 동시에 공을 잡고 정지했거나 반칙을 했을 경우에는 주심이 가까운 서클에서 점프볼로 경기를 재개시킨다.

(6) 경기 중 공이 바스켓에 정지되어 있을 경우에는 주심이 서클에서 점프볼로 경기를 재개시킨다.

(7) 공격 팀 선수는 제한구역 안 바스켓 바로 위에서 공이 떨어지고 있을 경우에 바스켓이나 백보드를 터치할 수 없다.

(8) 반칙으로 퇴장당한 선수로 인하여 교체 선수가 없는 팀은 선수2명이 남을 경우까지 경기를 할 수 있다.

(9) 수비 팀 선수는 바스켓 안에 공이 들어 있을 경우 골 망에 손을 대면 안 된다.

(10) 테크니컬 파울을 범하게 되면 1개의 파울을 기록하게 되고 상대방에게 프리드로우 2개를 허용하며 다음 같은 경우에 적용된다.

- 상대방의 공격, 방어를 고의적으로 방해할 경우
- 주심에게 불손한 언동으로 항의, 질문을 할 경우
- 주심의 허락 없이 코트 밖으로 나가거나 선수를 교대할 경우
- 바이얼레이션이 선언되었는데 공을 심판에게 주지 않고 고의로 시간을 지연 시켰을 경우
- 파울을 범한 선수가 손을 들어 인정하지 않을 경우
- 기록원이나 심판에게 통고 없이 유니폼 번호를 바꿨을 경우
- 기타 비신사적 행동은 선수뿐만 아니라 팀 전체에게도 테크니컬파울을 선언하고 파울에 그 수를 포함시킨다.

(11) 퍼스널 파울은 경기 중에 상대방의 신체적 접촉으로 발생한 파울로서 파울을 범한 자에게는 1개의 파울이 기록되며 고의적인 파울은 프리드로우 2개를 상대에게 주는데 다음과 같은 경우에 적용된다.

- 홀　딩 : 상대방을 잡는 행위
- 트리핑 : 상대방을 다리로 걸어서 넘어뜨리는 행위
- 푸　싱 : 상대방을 손으로 미는 행위
- 차아징 : 상대방을 몸으로 밀거나 고의적으로 부딪히는 행위, 또는 손으로 시야를 가려 방해하는 행위
- 블로킹 : 상대방의 진로를 고의적으로 방해하는 행위

(12) 팀 파울

하나의 피리어드에 팀의 파울이 4개가 되었을 경우 팀 파울 벌칙 상태가 된다. 휴식 시간 중에 일어나는 모든 팀 파울들은 다음 피리어드나 다음 연장전 일부로 간주한다. 모든 연장전에 일어나는 모든 팀 파울들은 4피리어드의 일부로 간주한다.

(13) 프리드로우

벌칙으로 상대방의 선수에게 프리드로우 라인 바로 뒤에서 방해 없이 득점할 수 있는 특전이다. 슛동작 중의 파울은 프리드로우 2개 중에서 1번이라도 성공하지 못하면 1회를 더 넣을 기회를 준다.
고의적인 파울, 멀티플 파울, 테크니컬 파울 및 휴식 시간 중 감독, 코치의 테크니컬 파울은 2개의 프리드로우를 준다.
한 팀이 한 하프에서 7회의 테크니컬 파울이나 퍼스널 파울을 범한 다음부터 퍼스널 파울을 또다시 범하는 경우에는 상대팀에게 프리드로우 2개를 준다.
코치나 교대 선수의 테크니컬 파울, 슛 동작 시에 반칙을 범했어도 그 공이 골인된 경우, 또는 코치나 후보 선수 또는 관계자의 휴식시간 이외의 테크니컬 파울시에는 1회 프리드로우를 상대 팀에게 준다.
공을 넘겨 받은 후 5초 이내에 던져야만 하며 프리드로우 라인 바로 뒤라면 중앙이 아니라도 무관하다.

3) 심판법

(1) 심판의 임무 : 공의 인플레이, 타임아웃 파울 선고, 교대자 허가, 플레이 중지, 상대팀 골대 가까운 사이드라인 밖에서 드로우인 하는

공을 선수에게 전한다.(프리드로우일 때도 동일)

※ 필요시 시간을 확인한다.(드로우인 : 5초, 3초 룰 : 3초, 24초)

4) 기초 기술

(1) 드리블은 몸의 균형을 잡으면서 오른손 또는 왼손의 손가락으로 공을 조정하면서 바운드한다. 드리블하면서 상대방의 움직임을 주시하여 정확한 지점에서 패스, 슛을 하며 스타트와 대시, 드리블의 연결 동작은 공격의 주 무기이다.

(2) 패스의 종류

- 원 핸드 패스 : 한 손으로 패스를 받는 선수의 가슴으로 패스
- 점프 패스 : 뛰어 올라 공중에서 패스
- 체스트 패스 : 가슴에서 패스를 받는 선수의 가슴으로 패스
- 오버 헤드 패스 : 점프를 하지 않은 상태에서 머리 위에서 패스
- 쇼울더 패스 : 어깨 위에서 던지는 패스
- 훅 패스 : 다른 방향에 있는 어깨 방향으로 손목을 이용한 패스

(3) 페인트

상대방 수비를 교란시키기 위하여 좌, 우, 전, 후, 상, 하로 공을 이동시켜 공격하는 기술이다. 연속적인 연결 동작을 할 경우에 공을 놓치는 실수를 주의해야 한다.

(4) 슛의 종류

- 원 핸드 슛 : 한 손으로 하는 슛(프리드로우, 점프슛, 가장 보편적인 슛 자세)
- 언더 핸드 슛 : 팔을 아래로 내려서 하는 슛(러닝 슛 및 수비를 피하면서 하는 슛)
- 오버 헤드 슛 : 머리 위에서 하는 슛(러닝 슛, 장신의 선수가 사용하는 골밑슛)
- 점프슛 : 뛰어 올라 공중에서 하는 슛(필드 슛 등 선수의 탄력을 이용한 슛)
- 투 핸드 슛 : 두 손으로 하는 슛(여자 선수들의 장거리 슛으로 사용)
- 훅 슛 : 훅 패스와 같은 자세로 하는 슛(수비를 피하며 하는 기술적인 슛)
- 러닝 슛 : 골대를 향해 달리면서 하는 슛

(5) 디펜스(팀 수비 전술)

상대방의 공격 지점에서 대인방어(Man to man / 1:1 수비), 상대방의 슛 지점에서 지역방어로 슛과 리바운드 기회를 주지 않는다.

(6) 오펜스(팀 공격 전술)

5명의 선수가 패스, 드리블, 페인트 등 조화된 동작으로 상대방의 허점을 찌르는 공격이다. 상대방 노 마크의 찬스를 포착하기 위하여 스크린 플레이(자기편 선수들이 스크럼을 짜듯이 상대방의 방어를 교란하는)로서 상대방을 유인하여 공격한다.

5 테니스

1) 경기개요

구 분	내 용
경기장	• 사이드라인 : 23.77m/베이스 라인 : 10.97m • 서비스 라인(사이드라인 : 6.4m/베이스라인 8.23m) • 네트 높이 : 중앙(0.914m)/사이드1.07m
사용구	• 공의 지름 : 6.35~6.67cm • 무게 : 56.7~58.5g • 압력 : 2.54m 높이에서 바운드하여 1.35~1.47m 리바운드 되어야 한다.
복장	• 가급적 백색 유니폼 착용(상의 셔츠, 하의 반바지) • 신발은 규격화된 운동화 착용 • 모자, 머리띠, 손목아대, 장갑 등 보호장구 착용가능
경기개시	• 토스 결과 우선권을 가진 팀에서 서브 및 리시브 중에서 선택
선수구성	• 단식, 복식, 혼합복식
경기의 승패	• 세트당 6게임을 먼저 이기는 팀이 세트의 승리 • 3(5)세트 경기에서 먼저 2(3) 세트를 획득한 팀이 승리

※ 테니스장[6]

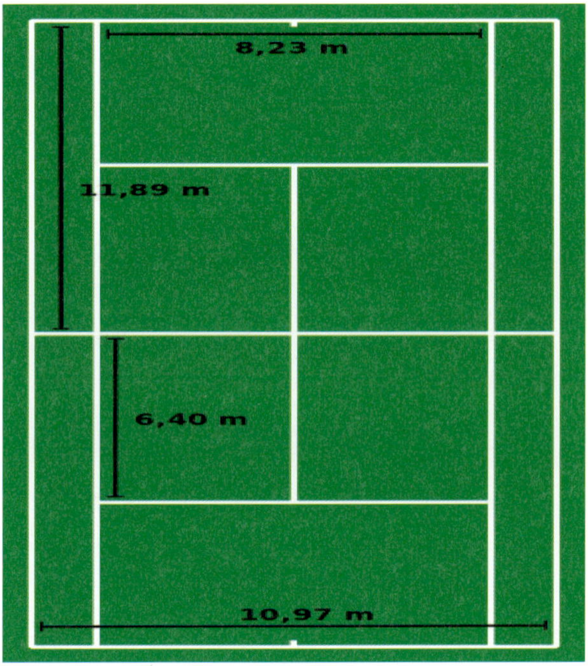

2) 경기규칙

(1) 서브시의 렛(Let)

- 서브한 공이 네트에 맞고 상대방의 서브코트에 바운드된 경우
- 서브한 공이 네트에 맞고 상대방 코트에 바운드되기 전 상대방의 몸이나 라켓, 유니폼 등에 터치된 경우
- 상대방의 리시브 준비가 안 되었을 경우 서브를 넣은 경우
- 심판이 득점의 콜을 하기 전에 서브를 넣은 경우
- 서브 2개의 공을 동시에 토스한 경우

6) 네이버 스포츠 백과

(2) 인 플레이 중의 렛(Let)

- 공이 터지거나 바람이 빠져서 물렁해 졌을 경우
- 갑자기 날아든 새에 공이 터치된 경우

(3) 폴트의 경우

- 라인을 밟거나 서브지역을 벗어나서 서브했을 경우
- 서브 토스한 공을 라켓으로 치지 못했을 경우
- 토스가 잘못되어 다시 하려고 라켓으로 받거나 바닥에 떨어뜨렸을 경우(이 경우는 공이 땅에 떨어지기 전에 반드시 손으로 받아야 함)
- 서브한 공이 자기 파트너의 라켓이나 몸, 유니폼에 터치된 경우
- 서브한 공이 포스트에 맞고 상대방의 정확한 서브코트에 들어갔을 경우

(4) 실점의 경우

- 아웃되는 공에 몸이나 라켓, 유니폼에 터치된 경우
- 인 플레이 중 네트를 터치한 경우
- 라켓을 던져서 공을 쳤을 경우
- 오버 네트를 한 경우(공을 친 후 라켓이나 손이 네트를 넘어간 경우는 상관 없음)
- 상대가 서브한 공에 몸이나 라켓, 유니폼에 직접 맞은 경우
- 라켓에 공이 두 번 터치된 경우
- 넘긴 공이 포스트를 제외하고 심판대와 심판을 포함한 모든 고정 건물에 터치된 경우
- 공을 친 후 놓친 라켓이 상대방 코트로 넘어가서 상대방 플레이에 조금이라도 방해가 되었을 경우(전혀 방해가 안 되면 무관함)

(5) 유효한 경우

- 친 공이 포스트나 네트에 맞고 상대코트에 들어간 경우
- 공이 어떠한 코스로든 상대방 코트로 들어간 경우
- A가 친 공이 스핀에 걸려 B의 코트에 바운드 후 스스로 다시 A의 코트로 넘어간 공을 B가 달려가 정당하게 친 경우(오버 네트가 아님)

(6) 순서가 틀린 서브의 경우 : 게임 중 발견했을 경우 즉시 수정하고 해당 게임이 끝난 후 발견했을 경우에는 다음 게임부터 적용한다. 발견이전의 점수는 유효하다.

(7) 순서가 틀린 리시브의 경우 : 게임 중 발견했을 경우 해당 게임이 끝날 때까지 바뀐 대로 실시하고 다음 게임부터는 원래대로 실시한다. 발견 이전의 점수는 유효하다.

(8) 코트의 교대

세트에 관계없이 항상 양 팀의 게임 스코어의 합이 홀수일 경우 코트를 교대 한다. 단 타이 브레이크 게임에서는 양 팀의 점수의 합이 6의 배수(6,12,18...)일 경우 한다.

(9) 타이 브레이크 경기

2포인트 차이로 7포인트를 선취한 선수(팀)가 승리한다. 실시는 게임 스코어가 6 : 6 또는 8 : 8일 경우 한다.
서브는 순서가 된 서버가 우측에서 1포인트의 서브를 실시하고
서브가 체인지 되어 2포인트씩의 서브를 좌측 → 우측의 순으로 실시한다.

코트교대는 양 팀의 포인트 합이 6의 배수(6,12,18...)일 경우에 한다. 6 : 6 듀스 이후에는 어느 팀(선수)이든 2포인트 차이로 이겨야 승리한다.

(10) 노 어드밴티지 경기

듀스(40 : 40)시 1포인트로 게임을 결정하는 경기 방법이다.

(11) 휴식시간

- 코트 교대 않을 경우 : 30초
- 코트 교대시 : 1분 30초(교대해서 서브직전까지)
- 3세트 경기 시에는 2세트, 5세트 경기 시에는 3세트 후 10분간의 휴식시간을 준다.

3) 심판법

(1) 심판의 콜

- (홍길동) 서브, (금강산) 리시브, (1, 3, 5) 세트 매치 플레이
- Ace : 서브가 강하고 예리해서 리시버가 전혀 받지 못했을 경우

※ 굳(Good), 세이프(Safe), 인(In), 아웃(Out)이란 콜(Call)은 해서는 안 된다.

- 렛, 퍼스트(세컨드) 서브 : 첫 번째 혹은 두 번째의 공을 서브했을 경우 렛한 경우
- 폴트 : 서브의 실수, 두 개의 공 모두 실수 했어도 "폴트"라고 한다.

(2) 포인트(Point)의 콜(Call) 방법 및 시기

- 0점 : Love, 1점 : Fifteen, 2점 : Thirty, 3점 : Forty

A팀(서브)	B팀(리시브)	Call
0	1	Love - Fifteen
2	1	Thirty - Fifteen
2	2	Thirty - Forty
2	3	Thirty - Forty
3	3	Deuce

※ 콜의 시기는 양팀 선수가 서브 및 리시브의 위치에 있는 것을 확인 후 바로 콜을 해 주어야 한다.

- 듀스(Deuce) 이후의 콜(Call)
  - 남자 경우 : 어드밴티지 000(반드시 선수의 이름을 불러준다.)
  - 여자 경우 : 어드밴티지 미스(미시즈) 000(반드시 선수의 이름을 불러준다.)
  - 혼합 경우 : 어드밴티지 000 & 미스(미시즈) 000

※ 반드시 선수의 이름을 불러주는 것이 원칙이지만, 상황에 따라서 선수직책 혹은 Ad, 서버(In), 리시버(Out) 등을 사용해도 된다.

4) 기초기술

(1) 포핸드 스트로크

무릎은 약간 구부리고 체중을 발 끝에 두어서 어느 방향으로든지 즉

시 뛰어갈 수 있도록 한다. 어깨를 네트와 수직되게 몸의 방향을 오른쪽으로 돌려주고 손목을 약간 뒤로 젖혀 라켓 면과 지면이 수직되도록 스윙한다.

무릎과 허리 사이의 높이가 적당하며 몸과 볼과의 거리는 대체로 왼쪽 무릎 앞에서 라켓 1개의 길이에서 타구하는 것이 좋다.

(2) 백핸드 스트로크

무릎은 약간 구부리고 체중을 발 끝에 두어 어느 방향으로든지 즉시 뛰어갈 수 있도록 한다. 그립은 포핸드 그립에서 시계방향으로 1/8 정도 돌려 잡는다. 어깨를 네트와 수직되게 몸의 방향을 왼쪽으로 돌려주고 칼집에서 칼을 뽑아 내듯 라켓이 뒤에서 나올 때 그립이 먼저 나오도록 한다.

포핸드보다 약간 낮은 자세로 하며 몸과 볼과의 거리는 대체로 왼쪽 무릎 앞에서 라켓 1개의 길이에서 타구하는 것이 좋다.

(3) 서브

- 플랫 서브 : 볼의 회전을 주지 않고 라켓의 중앙을 맞춰 스피드와 파워 위주의 서브로 직선으로 날아가 낮게 바운드되게 한다.
- 슬라이스 서브 : 볼의 옆면을 위에서 아래로 깎아치듯 하며 스핀을 걸어 리시버의 타점을 혼란스럽게 한다.
- 스핀 서브 : 볼의 중앙부분을 아래에서 위로 회전을 주어 바운드가 빠르고 높게하여 타점을 혼란스럽게 한다.

(4) 발리

백스윙을 하지 않는 것이 좋으며 손목을 고정시켜 라켓 헤드를 45°

정도 세우는 것이 좋다.

라켓이 먼저 나가는 것이 아니라 손목을 뒤로 젖히고 손목 전체를 앞으로 내밀고 볼이 맞는 순간 손목을 고정시킨다.

볼을 맞추어 밀어내는 동작을 한다.

(5) 로브

볼에 시선을 고정시켜 볼을 밑에서 위로 높게 쳐올린다.

공격적인 로브를 할 경우 베이스 라인 가까이 상대방의 백핸드 방향으로 공략 한다.

방어적인 로브는 상대에게 밀려 스트로크를 할 수 없을 경우 가능한 높고 멀리 보낸 후 다음 자세를 준비한다.

(6) 스매시

라켓을 어깨에 메는 것과 같은 자세로 뒤로 젖힌 몸을 반동을 이용하여 스윙을 한다. 볼을 머리 위 앞에 놓고 쳐야 하며 왼손은 공을 가리키고 공에 시선을 집중한다.

6 탁구

1) 경기개요

구 분	내 용
경기장	• 경기장 : 폭 7m, 길이 14m, 천장높이 3m 이상 • 탁구대 : 앤드라인 1,525m, 사이드라인 274cm (76cm 위에 수평 상태유지) • 네트 : 높이(15.25cm) / 길이(1.83m)
사용구	• 지름 : 40mm / 무게 : 2.7g • 색상 : 무광택의 흰색 또는 오렌지
복장	• 짙은 단일색으로 반사광이 없는 것(백색은 안됨)
경기개시	• 토스(동전 던지기, 가위바위보 등 정해진 토스방법)에서 이긴 팀이 서브와 리시브를 결정하고 2분의 연습후 시작
경기방식	• 단식, 복식, 혼합복식으로 구분
경기의 승패	• 한 게임은11점을 선취한 선수가 승리한다. 듀스일 경우 한 쪽 선수가 연속 2점을 선취해야 승자가 된다.

※ 탁구대

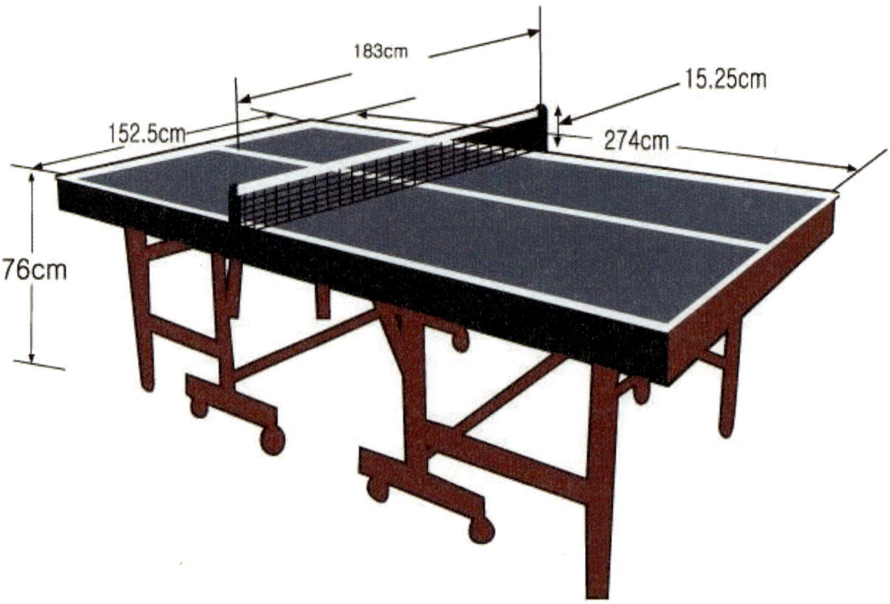

2) 경기규칙

(1) 단식경기 서브

서버가 손바닥 위의 공을 수직으로 16cm 이상 토스한 후 쳐서 자기 코트에 바운드시켜서 네트를 넘어가게 한다.(손바닥은 펼친 상태이여야 한다.) 서브 시 헛스윙 했을 경우 1실점으로 간주한다.

(2) 올바른 리턴

서브를 할 경우와 받아 친 공이 선수에 의해 직접 네트를 넘어 상태편 코트에 터치된 공을 말한다.

공이 네트를 넘거나 지지대를 우회하는 것, 네트 또는 지지대에 터치했을 경우에도 받아 친 공이 상대방 코트에 닿으면 유효한다.
공을 친 다음에 라켓을 놓친 경우에도 유효한다.
리시브할 경우 라켓이 탁구대, 지주, 네트에 닿으면 실점하게 된다.

(3) 서브, 리시브, 코트 체인지 순서

서브는 2번씩 넣고 교체한다. 게임에서 어느 한쪽 코트에서 시작한 선수 또는 조는 그 매치의 다음 게임에는 다른 코트에서 시작해야 하며 또한 매치의 마지막 게임이 될 경우 그 선수 또는 조는 어느 선수나 조가 먼저 5점을 얻을 경우에 체인지 코트해야 한다.

(4) 렛(Let)올바른 리턴

다음의 경우 렛이 되며 득점되지 않는다.

① 정식으로 서브한 공이 네트나 지지대를 맞고 상대방 코트에 닿았을 경우
② 수비가 준비되지 않은 상태에서 서브를 넣은 경우
③ 심판의 경기시작 콜이나 득점에 대한 콜을 하기 전에 서브한 경우

(5) 실점 : 다음과 같은 경우는 1점을 잃는다.

① 서브가 네트를 넘지 못했을 경우
② 서브 동작을 취한 후 공을 떨어뜨렸을 경우
③ 리턴이 네트를 넘지 못한 경우
④ 공이 선수의 몸이나 유니폼을 터치되었을 경우
⑤ 인 플레이 중 자기 코트에 손을 짚었을 경우
⑥ 공이 모서리(edge) 이하 부분에 터치했을 경우

(6) 휴식시간

게임과 게임 사이에는 1분 동안 가능, 각 게임이 시작해서 매 6점을 얻은 후에는 땀을 닦기 위한 인터벌이 주어지며, 마지막 게임에서는 코트 변경시 짧은 시간이 허용된다.

(7) 복식경기 순서

서브권을 가진 팀이 서버와 리시버를 정한다. 최초의 서브 후 리턴된 공을 서버의 파트너가 리턴하고, 이어서 최초 리시버의 파트너가 받아 치며 서로 1회씩 교대한다.

3) 심판법

(1) 심판(시합을 통제 토록 임명된 사람)의 임무

- 부심은 심판의 결정을 보좌
- 심판과 부심은 올바른 서브의 요건을 따르고 있는지 알아야 한다.
- 심판이 보았을 경우 서브의 적법성이 의심될 경우, 매치의 첫 번째 경우에 한해 렛(Let)을 선언하고, 서버에게 경고를 준다.

4) 기초기술

(1) 기본자세

상대방의 타구에 대비하기 위한 중립적 위치의 자세로서 포핸드와 백핸드로 다양한 타구에 융통성 있게 대응할 수 있는 자세를 말한다. 일반적인 기본자세는 다음과 같다.

- 라켓을 든 팔을 90°정도로 굽히고 라켓을 들지 않은 팔도 가볍게 앞으로 향한다.
- 무릎은 120~130° 정도 굽혀 타구 방향에 신속하게 이동할 수 있도록 한다.
- 두 발은 어깨넓이보다 약간 넓게 벌리고 왼발을 발길이의 반 정도으로 위치한다.

(2) 포핸드 스트로크

무릎을 굽혀 중심을 오른쪽 발에 실어주고 허리를 오른쪽으로 틀어 라켓을 뒤로 빼준다. 공의 속도에 맞춰 스윙을 하면서 몸의 중심이 오른발에서 왼발로 이동시키는 동시에 상체를 회전시킨다.
타구 순간 팔의 각도는 120~130° 정도 유지하는 것이 좋다.
중심을 완전히 왼발로 이동시키고 라켓은 네트 앞으로 뻗어 몸의 중심선 전후에서 마무리하고 왼발로 중심을 세워서 신속하게 기본자세로 돌아온다.

(3) 백핸드 스트로크

왼발을 뒤쪽으로 빼면서 중심을 왼발로 이동시키고 라켓을 왼쪽 옆구리 쪽으로 당긴다. 중심이 왼발에서 다시 오른발로 이동과 동시에 공의 임팩트가 이루어진다. 중심 이동시 상체도 라켓과 함께 몸의 중심이 앞쪽으로 향한다. 몸의 중심과 라켓을 목표 방향으로 계속 이동시키고 볼의 진행방향을 주시하는 동시에 기본자세로 돌아온다.

(4) 쇼트

짧게 치는 기술로써 코트 가까이에서 날아온 볼이 바운드되는 순간 상대에게 넘기는 것을 말한다.

- 움직이는 범위는 좁지만 처리하기 쉬운 위치까지 빠르고 정확하게 움직여야 한다.
- 허리를 펴고 몸은 조금 앞으로 구부린 자세로 유지하며 양 뒤꿈치는 바닥에서 약간 떨어진 상태로 준비한다.
- 포핸드 공격이나 백핸드 공격을 연결 플레이할 수 있도록 쇼트의 사용하는 범위를 고려하여 탁구대에 지나치게 붙어 있지 않는다.

(5) 스매시

상대방이 친 공을 확인 후 체중을 뒤로 이동하기 시작한다. 허리를 틀며 라켓을 높게 들어준다. 이때 중심은 완전히 오른발 쪽으로 이동한다. 몸의 중심을 오른쪽에서 왼쪽으로 이동하는 동시에 체중과 허리를 이용한다. 임팩으 후 왼발로 체중을 모두 실어주는 동시에 상체는 보내고자 하는 코스쪽으로 향한다.

(6) 드라이브(포핸드)

공의 속도에 따라 몸의 중심과 라켓이 오른쪽으로 이동한다. 중심을 오른쪽으로 모두 이동한 후 라켓과 허리를 더 뒤로 틀어주고 공을 기다린다. 몸의 중심이 빠르게 왼쪽으로 이동하면서 높은 타구점에서 공을 임팩트한다. 공을 덮어주는 느낌으로 자신이 원하는 코스로 라켓을 뻗어준다. 이때 몸의 중심은 완전히 왼쪽으로 이동된 상태이다.

(7) 커트(포핸드)

공이 넘어오는 타이밍에 맞추어 발과 스윙이 이동한다. 백스윙은 크게 하지 않고 가볍게 당겨준다. 라켓과 팔에 힘을 뺀 상태에서 잡은 각도로 가볍게 대어 준다. 공을 보내고자 하는 코스로 가볍게 짧은 스윙으로 밀어준다. 스윙이 길어지면 자세가 흐트러지고 다음 준비에 영향을 미친다. 다음 공을 위해 탁구대 밑으로 뻗었던 발을 재빨리 빼 넘어올 볼을 준비한다.

(8) 서브의 종류

- 톱 스핀 서브 : 가장 전진력이 강하고 상대방 코트의 엔드라인 깊숙이 들어 갈수록 효과가 크다. 코트에 바운드되면 드라이브와 같은 탄력이 생겨 상대방의 라켓에 맞았을 경우에 위로 튀어 오르는 성질이 있다.
- 백 스핀 서브 : 공이 상대방 코트에 닿았을 때 낮게 가라앉는 성질의 서브이다.
- 좌·우 스핀 서브 : 강한 회전이 걸린 경우에는 리시브시 각도 조절이 어려울 뿐만 아니라 특히 짧고 낮게 넣었을 경우에는 리턴 범위가 국한되므로 서버의 3구 공격이 비교적 용이해 진다.
- 너클성 서브 : 백 스핀 서브 모션으로 공에 변화를 주지 않고 밀어 넣는 경우가 많다. 상대방이 구질을 정확하게 파악하지 못하는 경우에는 리시브가 뜨거나 실수를 유도할 수 있다.

chapter 4

태 권 도

1. 군 태권도 수련 목적
2. 기본자세
3. 기본 6개 동작
4. 태극 품새

제4장 태 권 도

1 군 태권도 수련 목적

대표적인 한국 고유의 무예로, 세계적으로 널리 보급된 투기 스포츠이자 대한민국의 국기이다. 태권도는 아무런 무기 없이 언제 어디서나 손과 발을 이용해 공격 또는 방어하는 무도로 신체 단련을 위한 목적과 함께 정신적 무장을 통한 올바른 인간화를 중요시하는 데 큰 의의를 두고 있다.

특히, 군 태권도는 극기와 인내력으로 부여된 임무를 완수할 수 있는 능력을 향상시키고 투철한 군인정신을 배양하며 적과 싸워 이길 수 있는 강인한 전투 체력을 기르는데 목적이 있다고 할 것이다.

2 기본자세

1) 바른주먹

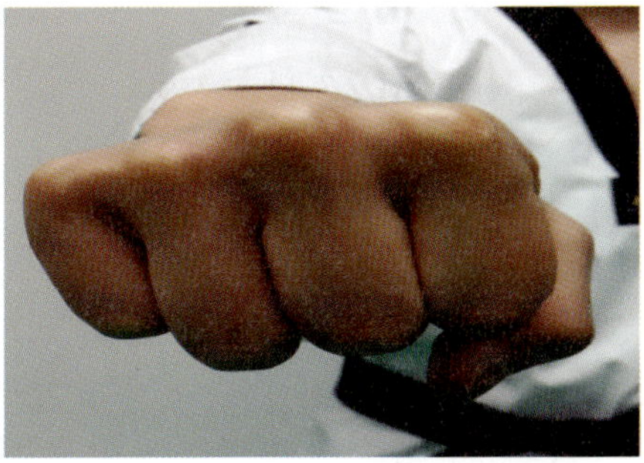

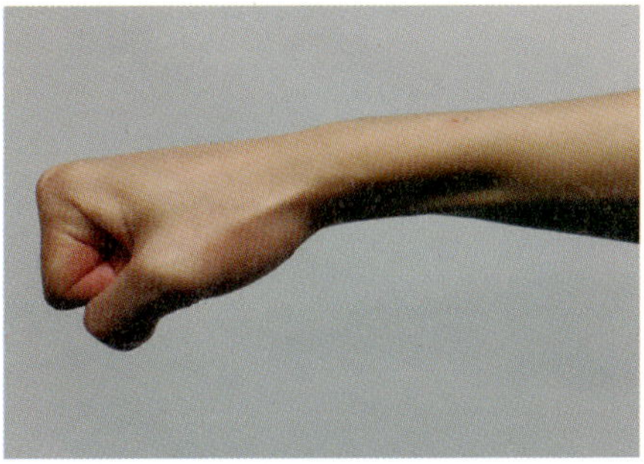

주먹의 쥐는 방법은 손가락을 곧게 펴서 엄지손가락을 제외한 나머

지 네 손가락에 힘을 주고 손끝부터 말아 쥐며, 엄지손가락은 인지와 중지 둘째 마디에 얹도록 하며, 이때 주의할 점은 손목이 꺾여서는 안되고, 팔뚝과 손등은 일직선이어야 한다.

2) 등주먹

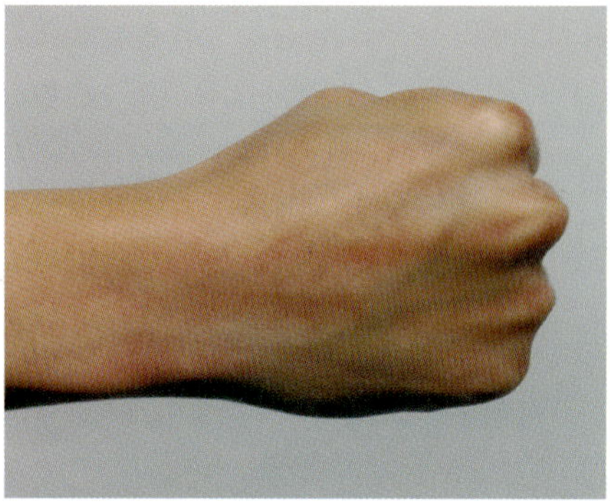

등주먹은 바른 주먹을 쥔 상태에서 등 부분을 말하며, 주로 미간, 인중 등을 공격하는데 사용되며 사용부위는 인지와 중지의 중순 끝 부분으로써 돋은 곳을 말한다.

3) 손 끝

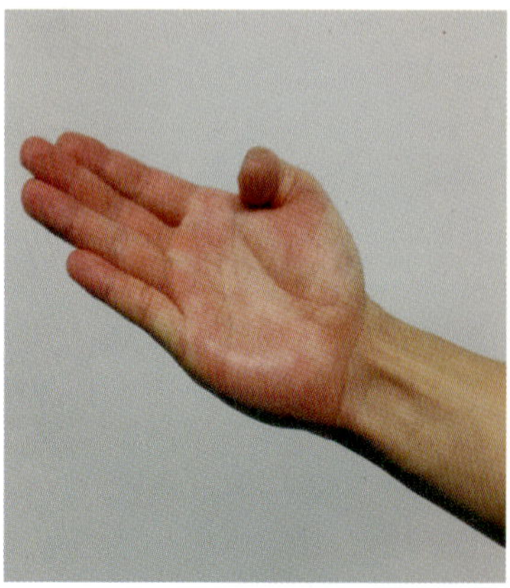

손날 쥐는 방법은 네 손가락을 붙이고, 끝마디에 힘을 주고 약간 안으로 구부리며, 엄지의 끝마디를 약간 오므려 집게 손가락 첫마디부분 옆에 붙인다.

사용부위는 손목부터 새끼손가락 첫마디까지이며, 치기와 막기 기술에 주로 사용한다.

또한 팔목과 손은 일직선을 유지 손목에서 위, 아래, 안팎으로 꺾여서는 안된다.

4) 편손끝

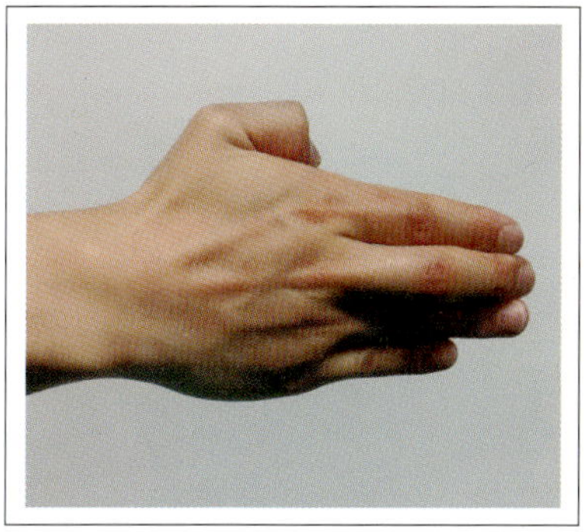

편손끝 쥐는 방법은 손날과 같으며 손끝을 이용, 상대의 급소에 지르기 공격을 할 때 주로 사용한다.

5) 팔목

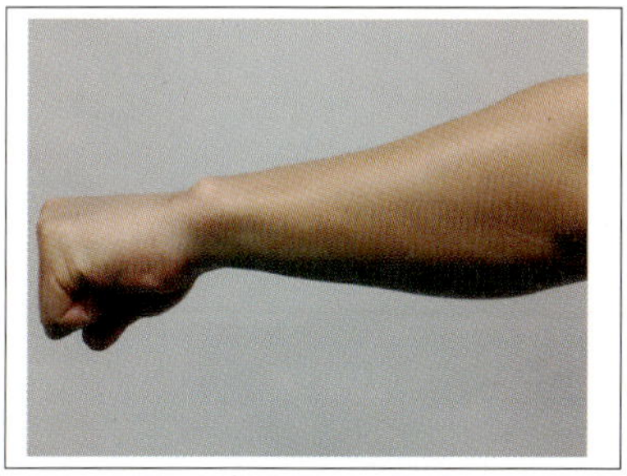

팔목은 손목부위부터 팔굽 밑까지 전부위를 말하며, 사용부위는 바깥팔목과 안 팔목, 등 팔목, 밑 팔목이며, 주로 막기 기술에 사용한다.

6) 발등

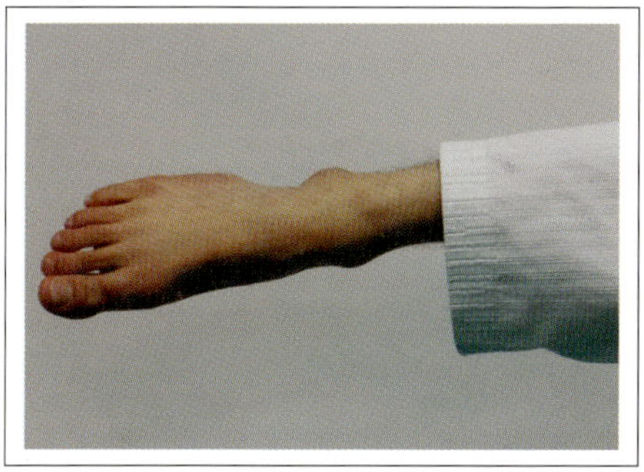

발등은 발목부터 발가락에 이르는 발의 윗부분을 의미하며, 발잔등으로 표기하기도 한다.

7) 발날

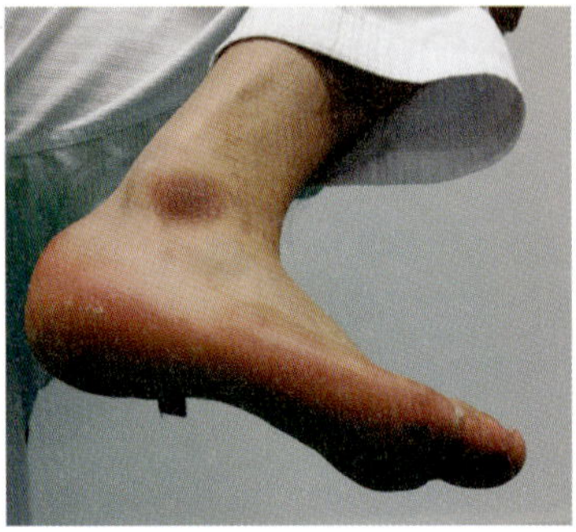

발날의 사용부위는 발바닥과 발등의 모서리로 발바닥 바깥쪽 뒤축부위부터 새끼발가락까지를 말하며, 겨드랑이, 정강, 협복, 경곡, 무릎관절등을 공격할 때 사용되고, 받아치기에 사용되는 기술이다.

8) 앞축

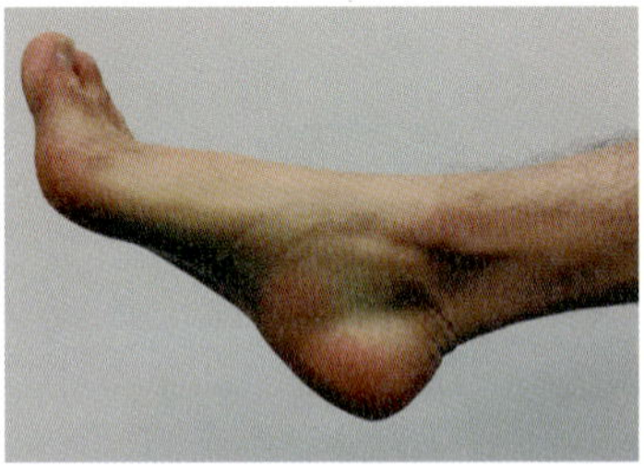

앞축은 발바닥에서 발가락으로 연결되는 발바닥의 앞쪽 부분을 말하며, 앞차기, 돌려차기 기술에 사용한다.

9) 서기

모아서기	나란히서기

모아서기는 차려 자세에서 두 발끝은 한쪽으로 모아 붙인 자세를 말하며, 이 동작은 모든 동작을 취하기 위한 마음의 준비자세라고도 한다. 나란히 서기의 자세는 두 발의 넓이가 한 발 길이이며, 발바닥은 서로 나란히 되게 하고, 두 다리의 무릎을 핀 상태에서 중심은 두 다리에 동일하게 실리면 된다.

기본 준비서기	주춤서기	앞서기

최초 모아서기 자세에서 왼발을 한발 길이 넓이로 넓혀 나란히 서기를 해주며, 두 손은 명치에 가까이 끌어올려 말아 쥐면서 배꼽 및 단전에 위치시키면 되는데, 이때 유의사항은 몸과 주먹사이는 주먹하나 간격/주먹과 주먹 사이는 팔목 두께 정도로 떼어놓으며, 호흡은 들이마신 후 약 1/3 내쉬면서 단전에 힘을 주고 시선은 정면을 유지하면서 정신을 통일시킨다.

주춤서기의 발과 발의 넓이는 두발 길이로 서며, 발끝이 나란히 되게 한다. 몸을 반듯하게 하고 두 무릎을 굽혀 서서 땅을 내려다 봤을 때 무릎과 발끝이 일치되도록 하며, 무릎은 안으로 조이듯 앉는다.

두 무릎은 걸어가다 멈췄을 때의 한 걸음 길이로 서며 두 무릎은 펴고 체중은 두 다리에 균등히 두어야 한다.

상체는 몸을 반듯하게 세우고 몸통은 자연스럽게 정면으로 향한다.

앞굽이는 앞에 있는 발과 뒤에 있는 발과의 거리는 한 걸음 반이며, 양발의 간격은 한 발 간격이고 뒷다리의 무릎은 곧게 펴고, 몸을 반듯하게 하고 서서 땅을 내려다 봤을 때 앞에있는 발은 무릎과 발끝이 일치되도록 왼 무릎을 굽혀 몸을 낮춘다. 오른 뒷발의 내각은 30° 이내가 되게 서며, 체중의 2/3를 앞발에 둔다.

뒤굽이는 앞에 있는 발과 뒤에 있는 발의 거리는 한 걸음이며, 발의 내각은 90°를 이루고 체중은 뒷발에 2/3 정도를 두며, 뒤에 있는 발은 몸을 반듯하게 하고 서서 봤을 때 무릎과 발끝이 일직선이 되도록 무릎을 굽혀 낮춰 앉으면 된다.

10) 내려막기

몸을 반대편으로 틀며 막는 팔목의 등주먹이 지면을 향하게 하여 반대편 가슴에 위치시키고 보조주먹은 등 주먹이 막는 팔목의 팔꿈치 아래에 오게 합니다. 몸통은 정면에서 뒤쪽으로 120° 이내가 되게하고, 주먹을 틀어막고 보조주먹은 허리에 위치시킨다.

11) 올려막기

어깨를 반대편으로 틀면 보조주먹의 등주먹이 가슴앞에 하늘을 향하게 하여 놓고 막는 팔목은 등주먹이 지면을 보게 하여 보조주먹의 팔꿈치 밑에 오게 한다. 막는 순간 어깨를 되돌려 틀어 팔목으로 얼굴을 막아주며 보조주먹은 허리에 댄다. 막는 팔목의 높이는 안쪽 팔목 밑으로 이마가 보이도록 주먹을 올리고 팔목과 이마 사이는 주먹하나 간격을 유지하며, 막고 있는 쪽 팔목과 팔 굽은 대각선을 이루고 몸통은 정면에서 뒤쪽으로 120° 이내가 되게 한다.

12) 안막기 / 바깥막기

안막기는 어깨를 막는 팔목 쪽으로 틀며 가슴앞에 보조 주먹의 등주먹이 하늘을 향하도록 하고 막는 팔목은 상박과 하박을 밀착시켜 어깨선상에 위치한다. 몸을 반대로 틀며 팔목으로 몸 안쪽을 막아주고 동시에 보조주먹은 등주먹이 지면을 향하게 하여 허리에 위치시킨다.

막은 팔의 내각은 110° 유지하고, 주먹 끝은 어깨 높이로 한다.

바깥막기는 어깨를 반대편으로 틀며 보조주먹의 등주먹이 가슴앞에 하늘을 향하게 하여 놓고 막는 팔목은 등주먹이 지면을 보게 하여 보조주먹의 팔꿈치 밑에 오게 한다. 막는 순간 어깨를 되돌려 틀어 팔목으로 얼굴을 막아주며 보조주먹은 허리에 댄다.

막는 팔목의 높이는 어깨 높이로 팔의 내각은 110° 정도이다.

13) 양손날막기 / 한손날 바깥막기

양손날 막기는 앞의 손날은 손등이 하늘 방향으로 향하고, 명치를 방어하는 손은 손등이 지면으로 되도록 하여, 팔목을 튕겨주면서 힘있게 상대방의 손목을 쳐내듯이 막아주면 된다. 앞손날의 손끝은 어깨높이이고, 몸통을 막아주는 손날은 몸통에서 손날 하나정도 이격시켜주면 된다.

한손날 막기는 양손날 막기와 방법은 동일하며 막지 않는 보조주먹은 옆 허리에 밀착시키고 주먹등이 지면을 향하도록 한다.

14) 바로 지르기 / 반대지르기(몸통)

바로 지르기는 나가는 발 반대쪽 주먹을 지르는 것으로 왼발이 나갔을 때는 오른 주먹을 지르면 된다.

반대 지르기는 나가는 발과 같은 쪽의 주먹을 질러주면 되는데, 이때 시선은 상대의 눈을 제압하듯이 노려보면 된다.

15) 손날 목치기 / 등주먹치기

손날 목치기는 한 손날은 얼굴 막기를 하고, 몸을 비틀어 앞 손날로 목을 치는 것을 말하며, 몸은 정면과 약 75° 정도가 되게하며, 얼굴을 막는 손날은 머리 위로 세운 주먹하나 들어갈 정도로 올린다.

등주먹치기는 어깨를 왼쪽으로 틀면서 왼 등주먹은 하늘을 향하여 틀어 올려 오른 가슴 앞에 위치하며, 오른등주먹은 하늘을 향하게 하여 왼겨드랑이 밑에 위치시킨다. 어깨를 되돌리며 오른 등주먹을 틀어 얼굴(인중)을 향하여 친다. 왼등주먹은 지면을 향하게 틀어 허리에 갖다대며, 오른 등주먹은 앞을 향한다.(팔의 내각은 110° 정도)

16) 앞차기

앞차기는 발의 앞 축을 모아서 상대방의 낭심, 턱, 명치를 공격하는 동작으로 차는 다리의 무릎을 접어서 끌어올려 가슴에 가까이 올려 접었던 무릎을 펴면서 발을 앞으로 내뻗고 허리의 반동을 주면서 튕겨주어야 하는데, 발의 이동궤도는 목표를 향하여 일직선이 되도록 해야하며, 찬 발은 반작용으로 무릎을 접어 끌면서 최초 위치에 놓는다.

17) 앞 돌려차기

앞돌려차기는 발의 앞 축을 모아서 상대방의 옆구리, 얼굴 등을 공격하는 동작으로 차는 다리의 무릎을 접고, 무릎을 돌려서 접었던 무릎은 허리의 반동을 이용하면서 내뻗어 주며, 축이 되는 발은 정면에서 보았을 때 뒤꿈치가 보이도록 180° 정도 회전하도록 한다. 손동작은 몸 밖으로 이탈되지 않게 하여 자신의 정면부분을 방어 하도록 하고 시선은 공격하는 방향으로 향하게 한다.

18) 옆차기

옆차기는 발의 발 날을 이용하여 상대방의 명치, 얼굴, 옆구리, 턱 등을 공격하는 동작으로, 차는 다리를 앞차기와 같은 요령으로 무릎을 접어 끌어올리면서 몸을 차는 방향반대로 틀면서 허리의 반동을 주고 튕겨 주면서 접었던 무릎을 뻗는데, 이때 축이 되는 발은 정면에서 보았을 때 뒤꿈치가 보이도록 180° 정도 하여야 하고, 시선은 어깨 넘어 사이로 공격하는 목표물을 바라본다.

3 기본 6개 동작

1) 1동작

"준비" 준비자세(최초 나란히 서기)

① 오른발을 뒤로 한 걸음 빼며 오른 뒤굽이 왼 팔목으로 내려막기

② 왼발을 앞으로 한걸음 반 길이로 넓혀 왼 앞굽이 오른 주먹몸통 바로지르며 "기합"

③ 오른발을 앞으로 모으며 준비서기

④ 왼발을 뒤로 한 걸음 빼며 왼 뒤굽이 오른 팔목 내려막기

⑤ 오른발을 앞으로 한 걸음 반 길이로 넓혀 오른 앞굽이 왼 주먹몸통 바로지르며 "기합"

"바로" 왼발을 앞으로 모으며 준비자세

준비 / 바로	①	②

③	④	⑤

2) 2동작

"준비" 준비자세(최초 나란히 서기)

① 오른발을 뒤로 한 걸음 빼며 오른 뒤굽이 거들어 바깥 막기

② 왼발을 앞으로 한걸음 반 길이로 넓혀 왼 앞굽이 오른 주먹 바로 지르며 "기합"

③ 오른발을 앞으로 모으며 준비서기

④ 왼발을 뒤로 한 걸음 빼며 왼 뒤굽이 거들어 바깥 막기

⑤ 오른발을 앞으로 한걸음 반 길이로 넓혀 오른 앞굽이 왼 주먹 바로 지르며 "기합"

"바로" 왼발을 앞으로 모으며 준비자세

준비 / 바로	①	②

③	④	⑤

3) 3동작

"준비" 준비자세(최초 나란히 서기)

① 오른발을 뒤로 한 걸음 빼며 오른 뒤굽이 왼 팔목 올려 막기

② 왼발을 앞으로 한걸음 반 길이로 넓혀 왼 앞굽이 오른 주먹 바로 지르며 "기합"

③ 오른발을 앞으로 모으며 준비서기

④ 왼발을 뒤로 한 걸음 빼며 왼 뒤굽이 왼 팔목 올려 막기

⑤ 오른발을 앞으로 한걸음 반 길이로 넓혀 오른 앞굽이 왼 주먹 바로 지르며 "기합"

"바로" 왼발을 앞으로 모으며 준비자세

준비 / 바로	①	②

③	④	⑤

4) 4동작

"준비" 준비자세(최초 나란히 서기)

① 오른발을 뒤로 한 걸음 빼며 오른 뒤굽이 거들어 손날 막기

② 오른발로 앞차고 오른 앞굽이로 전환하며 오른주먹, 왼 주먹 두 번 지르며 "기합"

③ 오른발을 뒤로 모으며 준비서기

④ 왼발을 뒤로 한 걸음 빼며 왼 뒤굽이 거들어 손날 막기

⑤ 왼발로 앞차고 왼 앞굽이로 전환하며 왼주먹, 오른주먹 두 번 지르기 "기합"

"바로" 왼발을 앞으로 모으며 준비자세

준비	①	②-1	②-2

②-3	③	④	⑤-1

⑤-2	⑤-3		"바로"

5) 5동작

"준비" 준비자세(최초 나란히 서기)

① 오른발을 뒤로 한 걸음 빼며 오른 뒤굽이 거들어 손날 막기

② 오른발을 앞돌려 차고 오른 앞굽이로 전환하며 오른 등주먹 앞치기 "기합"

③ 오른발을 뒤로 모으며 준비서기

④ 왼발을 뒤로 한 걸음 빼며 왼 뒤굽이 거들어 손날 막기 "준비"

⑤ 왼발로 앞돌려차고 왼 앞굽이로 전환하며 왼 등주먹 앞치기 "기합"

"바로" 왼발을 앞으로 모으며 준비자세

"준비"	①	②-1

②-2	③	④

⑤-1	⑤-2	"바로"

6) 6동작

"준비" 준비자세(최초 나란히 서기)

① 오른발로 로 한 걸음 빼며 오른 뒤굽이 거들어 손날 막기

② 오른발을 옆차 왼 뒤굽이로 전환하며 오른 한손날 바깥치기 "기합"

③ 오른발을 뒤로 모으며 준비서기

④ 왼발을 뒤로 한 걸음 빼며 왼 뒤굽이 거들어 손날 막기

⑤ 왼발로 옆차고 오른 뒤굽이로 전환하며 왼 한손날 바깥치기 "기합"

"바로" 왼발을 앞으로 모으며 준비자세

"준비"	①	②-1

②-2	③	④

⑤-1	⑤-2	"바로"

4 태극 품새

태극이란 하늘과 땅, 우주 구성의 최고 원리로서, 우주철학의 근본 원리를 뜻하는 음과 양의 진리를 응용한 동작이다. 태극 품새에 있어 가장 중요한 것은 호흡과 동작의 완·속을 정확히 하고 속도가 있는 동작에서 중심이동을 바르게 하며, 동작 하나하나에 절도를 넣어 응용시킨데 있다.

1) 1장

태극 1장은 팔괘의 건(乾)을 의미하며 건은 하늘과 양(陽)을 뜻한다.

건이 만물의 근원이 되는 시초를 나타낸 것과 같이 태권도에 있어서도 맨 처음의 품새이다. 특징은 서기에서는 가장 쉬운 걷기 위주이며 동작은 기초적인 아래막기, 몸통막기, 몸통지르기, 앞차기로 구성되어 있다.

태권도 8급의 품새이다.

순 서	설 명	도 해
준비		
1	몸을 왼쪽으로 90° 돌려 왼 앞서기 왼 팔목 아래 막기	

순 서	설 명	도 해
2	오른발이 한걸음 나가 오른 앞서기 오른 주먹 몸통 반대 지르기	
3	몸을 오른편으로 180°돌려 오른 앞서기 오른 팔목아래 막기	
4	왼발이 한걸음 나 왼 앞서기 왼 주먹 몸통 반대 지르기	
5	몸을 왼편으로 90° 돌려 왼 앞굽이, 왼 팔목 아래막기	

순 서	설 명	도 해
6	제자리에서 서기 그대로 오른 주먹 몸통 지르기	
7	몸을 오른편으로 90° 돌려 오른발 한걸음 나가 오른 앞서기, 왼 바깥 팔목 몸통 안막기	
8	왼발 한 걸음 나가 왼 앞서기 오른 주먹 몸통 바로 지르기	
9	오른발 축으로 몸을 왼편으로 180° 돌려 왼앞서기, 오른 바깥 팔목 몸통 안막기	

순 서	설 명	도 해
10	오른발 한 걸음 나가 오른 앞서기, 왼 주먹 몸통 바로지르기	
11	왼발을 축으로 몸을 오른편으로 90°돌려 오른앞굽이, 오른 팔목 아래 막기	
12	제자리에서 서기, 그대로 왼주먹 몸통 바로 지르기	
13	오른발을 고정 몸을 좌로 90도 돌려 왼 앞서기, 왼팔목 얼굴막기	

순 서	설 명	도 해
14	오른발 앞차고 앞으로 내려 오른 앞서기, 오른 주먹 몸통 반대지르기	 
15	왼발을 축으로 몸을 오른편으로 180도 돌려 오른 앞서기, 오른 팔목 얼굴막기	
16	왼발 앞차고 앞으로 내려 왼 앞서기, 왼 주먹 몸통 반대지르기	 
17	오른발을 축으로 몸을 오른편으로 90도 돌려 왼 앞굽이, 왼 팔목 아래막기	

순 서	설 명	도 해
18	오른발 한걸음 가 오른 앞굽이, 오른 주먹몸통 반대지르기	
그만	오른발을 축으로 몸을 왼편으로 180° 돌려 준비 자세로 복귀	

2) 2장

태극 2장은 팔괘의 태(兌)를 의미하며 태는 속으로 단단하고 겉으로는 부드럽다는 뜻이다. 태극 1장을 수련하여 품새에 대한 알찬 마음이 생겨 기초적인 막기와 차기를 할 수 있는 품새다. 새로운 동작은 얼굴막기이며 앞차기 동작을 많이 넣어 몸에 익히게 하였다. 태권도 7급이 수련하는 품새이다.

순 서	설 명	도 해
준비		
1	몸을 왼쪽으로 90° 돌려 왼 앞서기 왼 팔목 아래 막기	
2	오른발이 한걸음 나가 오른 앞굽이 오른 주먹 몸통 반대 지르기	

순 서	설 명	도 해
3	왼발을 축으로 몸을 오른편으로 180°돌려 오른 앞서기 오른 팔목아래 막기	
4	왼발이 한걸음 나 왼 앞굽이 왼 주먹 몸통 반대 지르기	
5	오른발을 축으로 몸을 왼편으로 90° 돌려 왼 앞서기, 오른 팔목 몸통 안막기	
6	오른발이 한 걸음 나가 오른 앞서기, 안 팔목 몸통 안막기	

순 서	설 명	도 해
7	오른발을 축으로 몸을 왼편으로 90° 돌려 왼발 한걸음 나가 왼 앞서기, 왼 팔목 아래막기	
8	오른발 앞차고 앞으로 내리며 오른 앞굽이, 오른 주먹 얼굴 반대 지르기	 
9	왼발을 축으로 몸을 오른편으로 180°돌려 오른발 방향으로 나가 오른팔목 아래막기	
10	왼발 앞차고 앞으로 내리며 왼 앞굽이, 왼 주먹 얼굴 반대 지르기	 

순 서	설 명	도 해
11	오른발을 축으로 몸을 왼편으로 90° 돌려 왼발 한걸음 앞으로 나가 왼 앞서기, 왼 팔목 얼굴막기	
12	오른발이 한 걸음 나가 오른 앞서기, 안 팔목 몸통 안막기	
13	오른발 축 몸을 왼편으로 270°돌려 왼발 방향으로 한 걸음 나가 왼 앞서기, 오른 팔목 몸통 안막기	
14	왼발을 제자리, 몸을 오른편으로 180° 돌려 오른 앞서기, 왼 팔목 몸통 안막기	

순 서	설 명	도 해
15	오른발 축 몸을 왼편으로 90°돌리며 왼발을 오른발에 끌어 붙이듯이 하여 왼앞서기, 왼팔목 아래막기	
16	오른발을 앞차고 내어 디뎌 오른 앞서기 오른 주먹 몸통 반대지르기 “빠르게”	 
17	왼발 앞차고 앞으로 내어 디뎌 “빠르게” 왼 앞서기 왼 주먹 몸통 반대지르기 “빠르게”	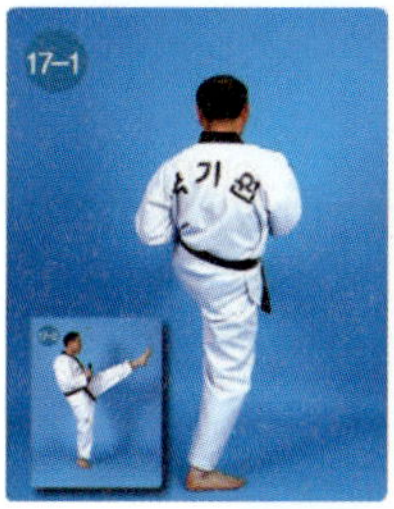 
18	오른발 앞차고 앞으로 내어 디뎌 “빠르게” 오른 앞서기“	

순 서	설 명	도 해
19	오른 주먹 몸통 반대 지르기 "빠르게" -기합-	
그만	오른발을 축으로 몸을 왼편으로 180° 돌려 준비 자세로 복귀	

3) 3장

태극 3장은 팔괘의 이(離)를 의미하여 이는 불을 나타내고 뜨겁고 밝음을 지닌다. 태권도 품새 수련을 통한 불같은 정의심과 수련의욕이 생겨난 파란띠로 승급할 수 있는 과정이다. 새로운 동작은 손날목치기, 손날 막기이고 새로운 서기는 뒷굽이이며 기술은 연속 막고 치기와 차고 연속 지르기가 특징이다. 빠른 속도로 상대로부터의 치기를 막고 되치는 기술의 힘을 중요시 한다. 태권도 6급이라야 수련할 수 있다.

순 서	설 명	도 해
1	몸을 왼쪽으로 90° 돌려 한걸음 나가 왼 앞서기 왼 팔목 아래 막기	
2	오른발 앞차고 앞으로 내어 디뎌 오른 앞굽이 왼, 오른 주먹 몸통 두 번 지르기	  
3	왼발 축 몸을 오른편으로 180°돌려 오른발 한걸음 나가 오른 앞서기 오른 팔목 아래막기	

순 서	설 명	도 해
4	왼발 앞차고 앞으로 내어디뎌 왼 앞굽이 왼,오른 주먹 몸통 두 번 지르기	  
5	오른발 축으로 몸을 왼편으로 90° 돌려 왼발 한걸음 나가 왼 앞서기, 오른 손날 목치기	
6	오른발이 한걸음 나가 오른 앞서기 왼 손날 목치기	
7	오른발 제자리 몸을 왼편으로 90° 돌려 왼발 한걸음 나가 오른 뒤굽이, 왼 한손날 몸통 바깥 막기	

순 서	설 명	도 해
8	오른발 제자리 왼발 왼 앞굽이로 내디디며 몸통 바로 지르기	
9	왼발제자리 몸을 오른편으로 180° 돌려 오른발 한걸음 나가 왼 뒤굽이, 오른 한손날 몸통 바깥막기	
10	왼발 제자리 오른발 오른 앞굽이로 내디디며 몸통 바로 지르기	
11	오른발 제자리 몸을 왼편으로 90° 돌리며 왼발을 한걸음 나가 왼 앞서기 오른 팔목 몸통 안막기	

순 서	설 명	도 해
12	오른발 한걸음 나가 오른 앞서기, 왼 팔목 몸통 안막기	
13	오른발 축으로 몸을 왼편으로 270° 돌려 왼발 앞으로 나가 왼 앞서기, 왼팔목 아래막기	
14	오른발 앞차고 앞으로 내어 디뎌 오른 앞굽이 오른, 왼 주먹 몸통 두 번 지르기	  
15	왼발 축으로 몸을 오른편으로 180° 돌려 오른발 앞으로 나가 오른 앞서기, 오른 팔목 아래막기	

순 서	설 명	도 해
16	왼발 앞차고 앞으로 내어 디뎌 왼 앞굽이 왼, 오른 주먹 몸통 두 번 지르기	  
17	오른발 축으로 몸을 왼편으로 90° 돌려 (가) 방향으로 왼발 앞으로 나가 왼 앞서기, 왼팔목 아래막기 오른 주먹 몸통 바로지르기 "빠르게"	 
18	오른발 앞으로 나가 오른 앞서기 오른팔목 아래 막고 왼주먹 몸통 바로 지르고 "빠르게"	 
19	왼발 앞차고 앞으로 내어 딛어 왼 앞서기, 왼 팔목 아래막고 오른 주먹 몸통 바로지르기 "빠르게"	  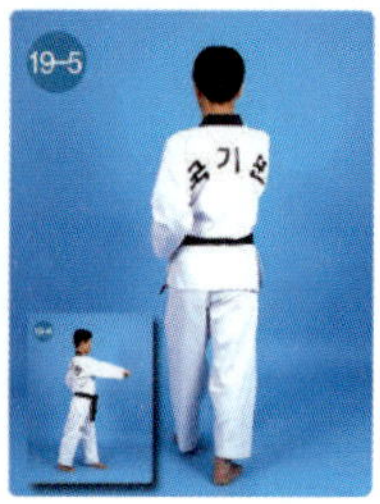

순 서	설 명	도 해
20	오른발 앞차고 앞으로 내어 딛어 오른 앞서기, 오른 팔목 아래 막고 왼 주먹 몸통 바로 지르기, 180° 돌려 그만	

4) 4장

태극 4장은 팔괘의 진(震)을 의미하며 진은 우뢰를 나타내고 큰 힘과 위엄있는 뜻을 지니고 있다. 파란띠의 품새답게 차원높은 기술과 동작이 많다. 새로운 동작은 손날몸통막기, 편손끝찌르기, 제비 품목치기, 옆차기, 몸통바깥막기, 등주먹얼굴앞에치기이고 특수한 미끄럼발이 있다. 겨루기에 대비한 각종 동작과 뒷굽이 서기가 많다는 것이 특징이다. 태권도 5급의 과정이다.

순 서	설 명	도 해
1	몸을 왼쪽으로 90° 돌려 왼발을 한걸음 나가 오른뒤굽이, 왼손날 몸통 바깥 막기	
2	눌러막고 오른발 한걸음 나가 오른 앞굽이 편손끝 세워 찌르기 "빠르게"	
3	왼발을 축으로 몸을 오른쪽 으로 180°돌아 왼뒤굽이 손날 몸통막기	

순 서	설 명	도 해
4	왼발이 한걸음 나가며 왼앞굽이 편 손끝 세워 찌르기 “빠르게”	
5	오른발 축으로 몸을 왼편으로 90° 돌리며 왼발 한 걸음 나가 왼 앞굽이 한손날 목치기	
6	오른발 앞차고 앞으로 내어 디뎌 오른 앞굽이, 왼주먹 몸통 바로지르기	 
7	왼발 들어 옆차고 앞으로 내어 디디며, 발차기 준비	

순 서	설 명	도 해
8	오른발로 옆차고 앞에 놓으며 왼 뒤굽이, 오른 손날 몸통 바깥막기	 
9	오른발 축으로 몸을 왼편으로 270° 돌려 왼발 앞으로 내어 디뎌 오른 뒤굽이, 왼 팔목 몸통 바깥막기 (주먹 등이 위로 가도록)	
10	오른발 앞차고 뒤로 미끄럼 발로 빼어 딛고 왼발 끌어 오른 뒤굽이, 오른 팔목 몸통 안막기	 
11	왼발을 축으로 몸을 오른편으로 180° 돌려 왼 뒤굽이, 오른 팔목 몸통 바깥막기 (주먹등이 위로 가도록)	

순 서	설 명	도 해
12	오른발 제자리 몸을 왼편으로 90° 돌려 (가) 방향으로 왼발 앞으로 나가 왼 앞굽이 제비품 손날 목치기	 
13	오른발 제자리 몸을 왼편으로 90° 돌려 왼발 앞으로 나가 왼 앞굽이 제비품 손날 목치기	
14	오른발 앞차고 앞으로 내어디뎌 오른 앞굽이 오른 등주먹 얼굴 앞치기	 
15	오른발 제자리 몸을 왼편으로 90° 돌려 왼발 한걸음 나가 왼 앞서기, 왼 팔목 몸통 안막기	

순 서	설 명	도 해
16	제자리에서 서기, 그대로 오른 주먹 몸통 바로지르기	
17	두발 제자리, 몸을 오른편으로 180° 돌려 (다1)방향으로 오른 앞서기, 오른 팔목 몸통 안막기	
18	제자리에서 서기 그대로 왼주먹 몸통 바로 지르기	
19	오른발 제자리 몸을 왼편으로 90° 돌려 왼발 한걸음 나가 왼 앞굽이 왼팔목, 몸통 안막기, 오른 왼몸통 두 번 지르기 "빠르게"	  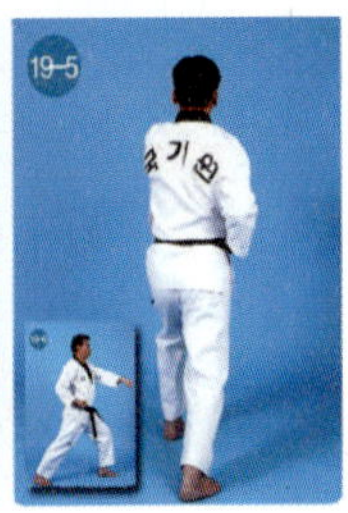

순 서	설 명	도 해
19	오른발 한걸음 나가 오른 팔목 몸통 안막기 하고 왼, 오른 몸통 두 번 지르기	 
그만	오른발 제자리 몸을 왼편으로 180° 돌려 준비서기로 돌아온다.	

5) 5장

태극 5장은 팔괘의 손을 의미하며 손을 바람을 나타내고 바람의 강약에 따라 위세와 고요의 뜻을 지닌다. 힘의 강약을 조절할 수 있는 수련단계라 할 수 있겠다. 새로운 동작은 메주먹내려치기, 팔굽돌려치기, 옆차며옆지르기, 팔굽표적치기가 있고, 서기는 꼬아서기와 왼서기, 오른서기가 나온다. 특징으로는 차기 뒤에 아래막고 몸통막기가 막기만 연속되는 동작과 뛰어 구르면서 치는 동작이 특수하고 표적치기 시에는 표적이 움직이지 않게 주의해야 한다. 태권도 4급의 과정이다.

순 서	설 명	도 해
1	몸을 왼쪽으로 90° 돌려 왼발을 한걸음 나가 왼 앞굽이, 왼팔목 아래막기	
2	왼발을 오른발 쪽으로 끌어들여 준비서기, 왼팔을 몸앞으로 원을 그려 메주먹으로 위에서 내려친다.	
3	몸을 오른편으로 90°돌려 오른발 한걸음 나가 오른 앞굽이, 오른팔목 막기	

순 서	설 명	도 해
4	오른발을 왼발쪽으로 끌어들여 준비서기, 오른팔을 몸안으로 원을 그려 메주먹으로 위에서 내려친다. “빠르게”	
5	왼발 앞으로 한걸음 나가 왼팔목 몸통 안막기 하고 이어 오른팔목 몸통 안막기	
6	오른발 앞차고 내어딛어 오른 앞굽이 오른등주먹 얼굴 앞차고 왼팔목 몸통 안막기	
7	왼발 앞차고 앞으로 내어딛어 왼앞굽이, 왼등주먹 얼굴에 치고 오른팔목 몸통 안막기	

순 서	설 명	도 해
8	오른발 한걸음 나가 오른 앞굽이 오른 등주먹 얼굴 앞에 치기	
9	오른발 축으로 몸을 왼편으로 270° 돌려 오른뒤굽이, 왼 한손날 몸통 바깥막기	
10	오른발축으로 몸을 왼편으로 270° 돌려 오른뒤굽이, 왼 한손날 몸통 바깥막기	
11	오른발 한걸음 나가 오른 앞굽이, 오른 표적치기	

순 서	설 명	도 해
12	왼발 앞으로 나가 왼앞굽이 표적치기	
13	오른발축 몸을 왼편으로 90°돌려 왼앞굽이, 왼팔목 아래 막고 이어 오른팔목 몸통 안막기	 
14	오른발 앞차고 앞으로 내어딛어 오른 앞굽이, 오른 팔목 아래 막고 왼팔목 몸통 안막기	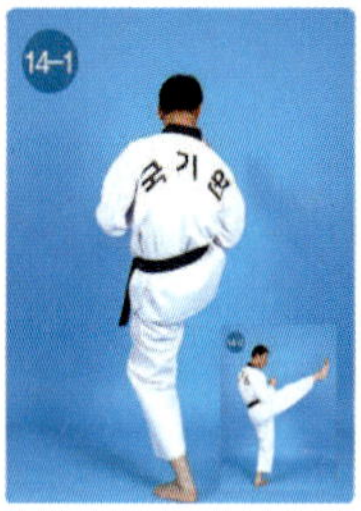  
15	오른발 제자리 몸을 왼편으로 90° 돌려 왼앞굽이, 왼팔 목얼굴막기	

순 서	설 명	도 해
16	오른발 앞차고 앞으로 내어 딛어 오른앞굽이, 왼팔굽 몸통 표적치기기	 
17	왼발축으로 몸을 오른편으로 180° 돌려 오른 앞굽이, 오른팔목 얼굴막기	
18	왼발 앞차고 앞으로 내어 딛어 오른 앞굽이, 오른 팔굽 몸통 표적치기	 
19	오른발 축으로 몸을 왼편으로 90° 돌려 왼 앞굽이, 왼팔목 아래 막고 이어 오른팔목 몸통 안막기 "빠르게"	 

순 서	설 명	도 해
20	오른발 앞차고 한걸음 뛰어 들어오른발 꼬아서기, 오른 등주먹 얼굴 앞에치기(얼굴) "빠르게"	 
그만	오른발 축으로 몸을 왼편으로 270°하여 준비자세로 돌아온다.	

6) 6장

태극 6장은 팔괘의 감(坎)을 의미하며 감은 물을 나타내고 끊임없는 흐름과 유연함을 뜻한다. 만물의 생명원인 물의 특성처럼 기술의 연결이 물 흐르듯 해야 한다. 새로운 동작은 한손날얼굴 바깥막기, 돌려차기, 얼굴바깥막기, 바탕손몸통막기가 있고 품새의 중간에 편히서기가 나온다.

수련상의 유의점은 돌려차고 난 다음 찬 발을 정확히 앞으로 내딛기와 바탕손 몸통막기를 할 때는 막는 부위가 다르므로 팔목으로 막을 때보다 손바닥 길이만큼 낮추어야 한다. 태권도 3급의 과정이다.

순 서	설 명	도 해
1	몸을 왼쪽으로 90° 돌려 왼발 앞으로 한걸음 나가 왼 앞굽이, 팔목 아래막기	
2	오른발이 앞차고 제자리에 놓으며 왼발을 약간 끌어들여 오른 뒤굽이 왼팔목 몸통 바깥막기 (주먹등이 위로 향한다.)	 
3	외발 제자리 몸을 오른편으로 180° 돌려 오른발 내어 오른 앞굽이, 오른팔목 아래막기	

순 서	설 명	도 해
4	왼발 앞차고 제자리에 높으며 오른발을 끌어들여 왼 뒤굽이 오른팔목 몸통 바깥 막기 (주먹등이 위로 향하도록)	 
5	오른발 제자리 몸을 왼편으로 90° 돌려 왼발 한걸음 나가 왼앞굽이, 오른손날 비틀어 막기 (바탕손 막기)	
6 7	오른발 돌려차고 찬발을 앞에 딛고 몸을 왼편으로 향해 왼발 한걸음 나가 왼 앞굽이 왼팔목 얼굴 바깥막기 한 다음 손등이 위로 가도록 바로 지르기 "빠르게"	  

순 서	설 명	도 해
8	오른발 앞차고 내어딛어 오른 앞굽이 왼주먹 몸통 바로 지르기 "빠르게"	 
9	왼발축으로 몸을 오른편으로 180°돌려 오른발 한걸음 나가 오른 앞굽이 오른팔목 바깥 막기 한 다음 왼주먹 몸통 바로 지르기	 
10	왼발 앞차고 내어딛어 왼앞굽이, 오른주먹 몸통 바로 지르기 "빠르게"	 
11	오른발축 몸을 왼편으로 90° 돌려 왼발을 오른발 옆에 놓아 방향으로 편히 서기, 두팔은 양옆으로 벌린다	

순 서	설 명	도 해
12	왼발고정 오른발 한걸음 나가 오른 앞굽이 왼손날 비틀어 막기 (손날 = 바탕손)	
13 14	왼발 돌려차고 "기합" 찬발은 앞에 놓고 몸을 오른편으로 270° 돌려 오른발을 한걸음 앞으로 내어 오른앞굽이 오른팔목 아래막기 "빠르게"	 
15	왼발 앞차고 제자리에 놓으며 오른발 끌어들여 왼뒤굽이 오른팔목 몸통 바깥막기 (손등이 위로 가도록)	 

순 서	설 명	도 해
16	오른발 제자리 몸을 왼편으로 180°돌려 왼발을 내어딛어 왼앞굽이, 오른팔목 아래막기 "빠르게"	
17	오른발 앞차고 제자리에 놓으며 왼발 끌어들여 오른뒤굽이, 왼팔목 몸통 바깥막기 (손등이 위로 가도록)	 
18	왼발 제자리 몸을 왼편으로 90° 돌려 오른발 나가 오른 뒤굽이 왼손날 몸통막기	
19	왼발 뒤로 한걸음 물러서 왼뒤굽이, 오른손날 몸통막기	

순 서	설 명	도 해
20	오른발 한걸음 뒤로 물러서 왼 앞굽이, 왼 바탕손 몸통 막기	
21	두발을 제자리에 두고 왼 앞굽이 오른 주먹 몸통 바로 지르기	
22	왼발 한걸음 뒤로 물러서 오른 앞굽이, 오른 바탕손 몸통 막기	
23	두발을 제자리에 두고 오른 앞굽이, 왼주먹 몸통 바로 지르기	
그만	오른발 축으로 몸을 왼편으로 270°하여 준비자세로 돌아온다.	

7) 7장

태극 7장은 팔괘의 간(艮)을 의미하며 산을 나타내고 육중함과 굳건하다는 뜻을 지닌다. 태권도의 빨간띠가 되면 흔들리지 않는 수련의식과 기술 습득으로 인한 힘의 무게를 지닐 수 있다. 새로운 동작이 많이 나오는 품새이므로 많은 노력이 필요하다. 새로운 동작은 손날아래막기, 바탕손거들어막기, 보주먹 가위막기, 무릎치기, 몸통헤쳐막기, 제친 두주먹몸통지르기, 엇걸어아래막기, 표적치기, 옆지르기가 있고 서기에서는 범서기와 주춤서기가 나온다. 동작이 다양하므로 연결성에 중점을 두어 수련해야 한다. 태권도 2급의 과정이다.

순 서	설 명	도 해
1	몸을 왼쪽으로 90° 돌려 왼발을 왼범서기, 오른바탕손 몸통막기	
2	오른발 앞차고 제자리에 놓아 왼범서기, 왼팔목 몸통 안막기	 
3	두발 제자리 몸 오른편으로 180° 돌려 오른범서기 왼바탕손 몸통막기	

순 서	설 명	도 해
4	왼발 앞차고 제자리에 놓아 오른범서기, 오른팔목 몸통 안막기	 
5	오른발 제자리 왼발 내어 오른 뒤굽이, 손날 아래 막기	
6	오른 한걸음 나가 왼 뒤굽이, 손날 아래막기팔목 몸통 안막기	
7	왼발 90°돌아 내어 왼 범서기, 오른 바탕손 몸통막기	

순 서	설 명	도 해
8	제자리 서기, 그대로 오른 등주먹 튀겨 앞에 치기 “빠르게”	 
9	두발 위치 제자리 몸을 오른편으로 180°돌려 오른범서기, 왼바탕손 몸통막기	
10	제자리 서기 그대로 왼 등주먹 튀겨 앞에 치기	 
11	오른발 제자리, 왼발 오른발에 끌어 붙여 모아서기 보주먹	

순 서	설 명	도 해
12	왼발이 한걸음 나가 왼 앞굽이, 가위막기 한 다음 팔 바꾸어 다시 가위막기, “빠르게”	 
13	오른발 한걸음 나가 오른 앞굽이 가위막기 한 다음 팔 바꾸어 다시 가위막기 “빠르게”	 
14	오른발 축으로 몸을 왼편으로 270° 돌려서 외발 내어 왼 앞굽이, 두팔목 몸통 헤쳐 막기 (주먹등 위로)	 
15	오른 무릎치기하고 한걸음 뛰어 나가 오른 꼬아서기, 젖힌 두주먹 몸통 지르기 “빠르게”	 

순 서	설 명	도 해
16	왼발 뒤로 빼어 오른 앞굽이 “ 빠르게” 엇걸어 아래막기	
17	왼발축으로 몸을 오른편으로 180° 돌려 오른발 옮겨 오른 앞굽이, 팔목 몸통 헤쳐막기 (주먹등 위로)	 
18	왼 무릎치기하고 한걸음 뛰어 나가 왼꼬아서기, “빠르게” 제친 두주먹 몸통 지르기	 
19	오른발 뒤로 빼어 왼 앞굽이, 엇걸어 아래막기 “빠르게”	

순 서	설 명	도 해
20	오른발 축으로 몸을 왼편으로 90° 돌려 왼발 옮겨 왼 앞서기, 등주먹 얼굴옆치기	
21	오른발 표적치기한 후 오른발을 놓아 주춤서기로 서며 오른 팔꿈치로 표적치기	  
22	오른발 제자리 왼발을 약간 들어 향하여 오른 앞서기, 오른 등주먹 얼굴 옆치기	
23	왼발 표적치기 왼발을 놓아 주춤서기, 왼팔꿈치 표적치기	 

<table>
<tr><th>순 서</th><th>설 명</th><th>도 해</th></tr>
<tr><td>24</td><td>제자리 그대로 왼 한손날 몸통막기</td><td rowspan="2">

</td></tr>
<tr><td>25</td><td>오른발이 한걸음 나가 주춤서기
왼손을 잡아끌며 오른주먹 옆지르기
-기합-</td></tr>
<tr><td>그만</td><td colspan="2">오른발 축으로 몸을 왼편으로 90°하여 준비자세로 돌아온다.</td></tr>
</table>

8) 8장

태극 8장은 곤(坤)을 의미하며 곤은 음(陰)과 땅을 나타내고 뿌리와 안정 그리고 시작과 끝의 뜻을 지닌다. 유급자의 마지막 품새로서 연성이 끝나면 1장에서 8장까지 총연습 기간을 거쳐 국기원 승단 (품)심사에 나갈 수 있는 자격이 부여된다. 로운 동작은 두발당상 바깥팔목몸통 거들어바깥막기, 외산틀막기, 턱지르기, 거들어아래막기, 뛰어 차기, 팔굽돌려치기가 있다. 수련시 유의할 것은 발차고 뒤로 두 걸음 물러나는 보법동작의 정확성과 두발당상과 뛰어차기 동작의 차이점 및 습득요령이다. 태권도 1급의 과정이다.

순 서	설 명	도 해
1	왼발이 한걸음 나가 오른 뒤굽이 왼몸통 거들어 바깥막기, 오른주먹 몸통 바로 지르기 (이때 왼 앞굽이로 변한다.)	 
2	앞으로 뛰어 두발 당상하고 "기합" 왼 앞굽이 왼팔목 몸통 안막기, 오른, 왼몸통 두번 지르기	    

순 서	설 명	도 해
3	오른발 한걸음 나가 오른 앞굽이 오른 주먹 몸통 반대 지르기	
4	오른발 축으로 몸을 왼편을 270°돌려 왼발 나가 오른 앞굽이, 외산틀 막기	 
5	두 발 제자리 오른 앞굽이 바꾸어 서며 오른주먹 왼 어깨쪽으로 끌며 왼주먹 턱 지르기 "느리게"	
6	왼발 꼬아서자마자 오른발 나가 왼 앞굽이 외산틀 막기	 
7	두발 제자리 오른 앞굽이, 바꾸어서며 오른주먹 어깨쪽으로 끌며 왼주먹 턱 지르기 "느리게"	

순 서	설 명	도 해
8	왼발 축으로 몸을 왼편으로 90° 돌려 뒤굽이로 서며 손날 몸통막기	
9	오른발 제자리 왼발 앞으로 약간 내어딛어 왼 앞굽이, 오른주먹 몸통 바로지르기 "빠르게"	
10	왼발 앞차고 제자리에 놓고 왼발 한걸음 뒤로 물러나 오른발을 끌어 범서기 오른 바탕손 몸통 안막기 "빠르게"	 
11	오른발 제자리 왼발을 옮겨 왼범서기, 손날 몸통막기	

순 서	설 명	도 해
12	왼발들어 앞차고 왼앞굽이, 오른주먹 몸통	 
13	오른발 제자리 왼발 약간 끌어 왼범서기, 왼 바탕손 몸통 안막기 “빠르게”	
14	두발 위치 그대로 몸으로 오른편으로 180° 돌려 범서기, 손날 몸통막기	
15	오른발 들어 앞차고 오른앞굽이, 왼주먹 몸통 바로지르기 “빠르게”	 

순 서	설 명	도 해
16	왼발 제자리 오른발 끌어 오른 범서기, 오른 바탕손 몸통 안막기	
17	왼발 제자리 오른발 왼 뒤굽이, 오른 팔목 거들어 아래막기	
18	오른발 제자리 왼발 앞차고 떨어지기 전에 오른발 뛰어 앞차고 내딛어 오른 앞굽이, 오른팔목 몸통 안막기 하고 왼주먹 발 지르기 -기합- "빠르게"	
19	오른발 축으로 몸을 왼편으로 270° 돌려 왼발 내어 오른 뒤굽이, 왼 한손날 몸통 바깥막기	

순 서	설 명	도 해
20	오른발 제자리 왼발 약간 내딛어 왼 앞굽이 몸을 왼편으로 틀어 오른 팔꿈치 얼굴 돌려치기 "빠르게"	
21	제자리에서 몸을 다시 오른편으로 틀며 서기 그대로 오른등 주먹 얼굴치고 왼주먹 몸통 반대 지르기 "빠르기"	 
22	왼발 제자리 몸을 오른편으로 180°돌려 오른발 약간 끌어 왼 뒤굽이, 오른 한손날 몸통 바깥막기	 
23	왼발 제자리 오른말 약간 내딛어 오른 앞굽이, 몸을 오른편으로 틀며 왼팔꿈치 돌려 얼굴치기 "빠르게"	
24	몸을 왼편으로 틀며 서기 그대로 왼 등주먹 얼굴치고, 오른손 몸통 반대 지르기 "빠르게"	 
그만	오른발을 축으로 몸을 왼편으로 돌려 왼발을 끌어들여 준비자세로 돌아온다.	

chapter 5

군사체육 실무지도

1. 체력검정
2. 체력단련
3. 국군도수체조
4. 체육대회 계획 수립
5. 헬스 지도
6. 전투수영

제5장 군사체육 실무지도

1 체력검정

1) 체력검정이란

국방의 임무를 수행하는 군인이 실시하는 체력시험을 말한다. 체력 검정 대상자는 현역에 복무하는 장교, 준사관, 부사관 및 병, 사관생도, 사관후보생, 부사관 후보생, 군무원(기능직군무원 제외) 및 예비군지휘관이다.

2) 체력검정의 목적

장병 개개인의 체력 향상 및 유지에 도움을 주기 위해 체력을 측정하여 그 수준을 평가한다. 지휘관은 부하들의 체력을 단련시키고 관리할 책임이 있다.

3) 체력검정 시기 및 종목별 운동효과

(1) 체력검정 시기

간부는 매년 전반기 육군 체력검정 계획에 따라 체력검정을 실시한다. 정기 체력검정은 체력검정 전원을 대상으로 측정일 하루에 3개 종목 모두를 1회 실시하고, 추가 체력검정은 1개 이상 종목 불합격자 또는 합격자 중 상위 등급 획득을 희망하는 사람을 대상으로 체력 검정 기간 내 총 2회 이내 기회를 추가로 부여한다.

병은 중대장이 훈련주기 및 전입인원을 고려 수시로 실시하되 병사 개인

입장에서는 연 1회가 되도록 계획하여 실시한다. 장교 및 부사관의 보수교육과정에 입교하는 학생은 교육기간 중에 1회 이상 체력검정을 실시한다.

(2) 체력검정의 책임

병은 대대장급 지휘관, 하사~영관급 장교는 사·여단급 이상 지휘관, 장군은 군단장급 이상 지휘관에 있으며, 교육기관 학생은 학교장에게 있다.

(3) 체력검정 평가

체력검정은 매년 소속부대 및 교육기관에서 실시한 결과를 적용하며, 그 결과를 대위에서 소령으로 진급하는 경우 이하는 표준평가요소 계량적 평가(점수)에 반영하고, 소령에서 중령으로 진급하는 경우 이상은 표준평가요소 질적평가(합격등급, 불합격)에 반영한다. 정당한 사유로 인해 당해 연도 체력검정 미실시시에는 일시보류 심의 결과를 반영하고, 정당한 사유없이 체력검정 미실시자는 진급선발에서 제외한다. 체력검정 관련 세부내용은 당해 연도 진급지시에 따른다.

(4) 체력검정 종목별 운동효과

구 분	팔굽혀펴기	윗몸일으키기	3KM 달리기
효 과	팔 근력, 근 지구력 (밀어내는 힘)	복직근(복근)	심폐기능 및 전신 지구력

* 달리기(현역장병: 3km, 군 간부 선발: 남자 1.5km, 여자 1.2km)

4) 체력검정 준비

(1) 개인체력 수준 파악

① 체력검정 기준표를 이용하여 자신의 현재 체력 수준을 평가한다(근력, 심장기능, 호흡능력, 건강상태 등)

② 개인의 체력검정은 무리하게 하지 않고 개인능력의 약 80% 수준으로 한다. 이유는 갑작스럽게 신체에 무리를 주면 운동 상해를 입을 수 있기 때문이다.

③ 약 80% 수준으로 실시하면 부족한 운동능력이 무엇인지 스스로 확인 가능하다.

④ 발달 및 향상시켜야 할 종목을 선정하여 운동처방을 내린다.

(2) 체력검정 보조기구 및 오래달리기 코스 선정

① 팔굽혀펴기, 윗몸일으키기 종목은 체력검정 부대별로 자체 제작하되 아래 기준을 엄격히 적용

- 팔굽혀펴기: 봉의 높이가 지면과 30cm 되도록 제작

② 윗몸일으키기: 양발을 고정시킬 수 있도록 제작, 지면에 고정 또는 5~10cm 높이로 견고하게 제작

③ 오래달리기: 내리막이 아닌 평지(도로 또는 트랙코스)

- 거리계측기에 의한 거리 측정 (차량을 활용한 거리 측정 금지)
- 부대별 공정성 시비가 없도록 코스 선정

5) 체력검정 실시방법

(1) 팔굽혀펴기

① 준비물: 초시계, 보조기구

② 실시 요령

- 검정관의 “준비” 구령에 따라 보조기구 위에 양손을 어깨넓이로 벌리고 발은 모은 상태에서 보조기구와 팔은 직각, 몸은 수평이 되도록 한다.
- 피검자는 검정관의 “시작” 구령에 따라 머리부터 일직선이 되도록 유지한 상태에서 팔을 굽혀 보조기구와 몸(머리~다리)과의 간격이 5cm 이내로 유지시켰다 원위치로 한다.

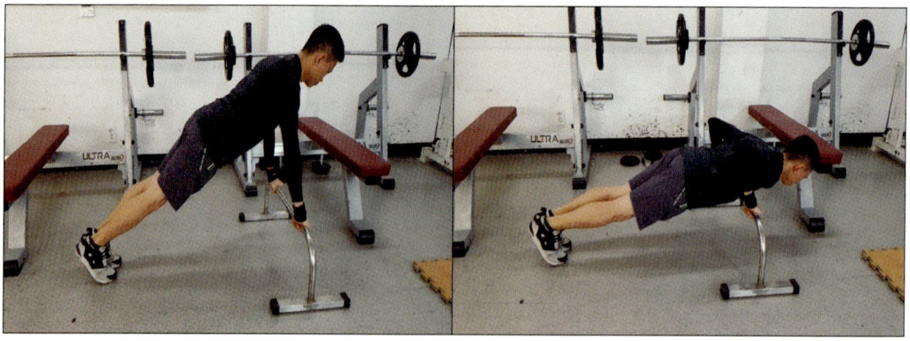

③ 주의사항

- 속도는 제한된 2분 내에서 자유로이 실시한다.
- 검정하는 중에 양발과 양손을 보조기구로부터 이탈할 수 없다.
- 검정하는 중에 팔을 굽혔다가 완전히 핀 상태에서 반복해야 한다.
- 팔을 폈을 때는 팔굽을 완전히 펴야 하며, 팔 굽혔을 때에는 가슴이 측정자의 손 등이나, 부저에 닿도록 하여야 한다.
- 팔을 굽혔을 때 어깨, 엉덩이, 장딴지는 수평이 되어야 한다.

(2) 윗몸일으키기

① 준비물: 초시계, 보조기구

② 실시요령

- 검정관의 "준비" 구령에 따라 보조기구에 양발을 고정시키고 다리를 모은 상태에서, 직각으로 굽힌 누운 자세에서 양팔을 X자로 가슴 위치에 겹치게 하여 두 손은 반대쪽 어깨에 위치한 자세를 유지한다.
- 검정관의 "시작" 구령에 따라 피검자는 복근력만을 이용하여 몸을 일으켜 양팔꿈치가 무릎에 닿으면 다시 준비자세로 원 위치한다.

③ 주의사항

- 속도는 재한된 2분 내에서 자유로이 실시한다.
- 검정하는 중에 두 손이 어깨에서 내려오거나 양 팔꿈치가 무릎에 닿지 않거나 양쪽 어깨가 보조기구 매트에 닿지 않으면 횟수로 인정하지 않는다.
- 누웠을 때 양어깨와 깍지낀 손이 매트에 닿아야 한다.
- 손깍지를 풀면 안 된다.
- 허리를 올려서 반동을 이용하면 횟수로 인정하지 않는다.

(3) 오래달리기

① 준비물: 초시계, 출발신호기, 깃발, 순번표

② 장소: 평지 도로 코스 또는 200~400M 트랙코스

③ 실시요령

- 달리기 전에는 5~10분 정도의 준비운동(국군도수체조 1회, 보강체조 및 스트레칭, 속보 및 전력질주(50m 정도)을 반드시 실시한다.
- 일정한 그룹을 편성(1개 그룹 당 20명 이내)하여 출발선에 대기시킨 뒤 출발 검정관이 계측 검정관에게 깃발을 들어 준비상태를 확인한다.
- 인원이 많을 경우 선두자와 후미자의 트랙코스 몇 회 실시여부 계측이 곤란하므로, 수준별 그룹으로 구분하여 시행하되 인원이 20명을 초과해서는 안된다.
- 출발검정관이 깃발을 내림과 동시에 출발하고 계측검정관은 초시계 작동을 실시한다.
- 시선은 50~60cm 앞을 보면서 턱을 당겨서 등과 후두부가 일직선이 되도록 한다.
- 뒤꿈치부터 착지하도록 한다.
- 호흡법은 개인별 차이가 있지만 보통 숨을 들이쉴 때에는 코로 내쉴 때는 입으로 한다.

④ 주의사항

- 검정관은 사전에 정확한 거리를 실측한다.
- 처음부터 지나치게 빠른 속도로 증가시키지 않도록 하여야 한다.
- 피검자의 건강상태를 확인하며, 실시간 안전 주의사항을 교육한다.
- 우발사태 대비차원에서 군의관(의사) 및 구급차량을 대기하여야 한다.

2 체력단련

1) 체력의 의미

'체력'이라는 단어는 원시 수렵사회에서 인간의 생존 유지를 위한 최소한의 능력이 필요한 것에서 유래되었으나, 사용되기 시작한건 불과 1백년여 년전 부터이다. 사전적 의미로 체력은 '육체적 활동을 할 수 있는 몸의 힘 또는 질병이나 추위 등에 대한 몸의 저항 능력'으로 정의된다. 체력은 신체적 자질에 의해서 구성되는 것으로, 인간이 생활을 영위해 가는데 있어서 가장 기초가 되며 효율적으로 신체를 이용할 수 있도록 하는 능력이라 할 수 있다.

(1) 체력의 정의

구 분	정 의
Karpovich	근육의 힘이 요구되는 특수한 작업을 수행하는데 필요한 적응력
Clarke	과도한 피로 없이 일상과제를 수행하고 비상시에 적절하게 대처할 수 있는 유기체의 능력
Cureton	신체를 잘 조정하는 능력과 능력의 감소 없이 힘든 작업을 오래 지속할 수 있는 능력

체력은 건강 체력요인과 운동기능 체력요인으로 구성되며 건강 체력요인은 근력, 근지구력, 심폐지구력, 유연성, 신체조성을 포함하며, 힘든 일과 여가 활동에 몰두할 수 있는 신체체계를 의미한다.

운동기능 체력요인은 순발력, 스피드, 민첩성, 평형성, 조정력을 포함하고 있으며, 건강관련 체력과 같은 이점을 제공하여 주기도 하지만 특정형태의 일이나 스포츠 활동에 요구되는 운동기술들을 발휘하는데 더 적합한 특성들을 제공한다.

즉, 체력이란 정신적, 사회적, 영적 측면을 모두 포함하는 포괄적인 개념으로 해석될 수 있으며, 인간 생활을 영위해 나가는데 기초가 되는 모든능력의 총화라고 정의 할 수 있다.

2) 체력 단련 방법

(1) 기초체력의 향상

기초체력 요인 즉, 근력, 근지구력, 순발력, 유연성, 민첩성 그리고 평형성 등은 각종 운동기구와 시설을 이용하여 향상시킬 수 있다.

기초체력이 향상되면 한 차원 높은 체력능력이 요구되는 체력단련에도 잘 적응하고 대처할 수 있게 된다.

기초체력 단련을 통해 체력 증진은 물론 정서적 스트레스에 대한 해소효과를 줄 수 있고 맡은바 임무와 책임을 수행할 수 있는 능력을 구비하는데 기초를 제공한다.

(2) 걷기

"적극적으로 걷는다"는 의식적 측면을 강조하는 [걷기운동(Exercise Walking)]은 군대의 행진에서 비롯되어 레포츠로 대중화되었다. 걷기는 가장 안전하면서 모두가 즐길 수 있는 유산소 운동이다. 특히, 운동초보자, 과체중인 사람, 노인, 심장병 환자 등을 위한 재활운동 프로그램으로도 많이 활용되고 있다. 비만의 치료에도 효과가 있다고 할 수 있다. 구체적인 운동효과는 ① 다리의 근육을 단련시켜 행군능력을 향상시키며 다리, 관절의 기능을 좋게 한다. 특히, 온몸의 근육과 뼈의 모두가 운동에 참가하게 되므로 다리에서의 혈액순환과 신진대사가 활발하게 진행되어서 다리의 근육들이 단련되고 다리힘이 좋아진다. ② 비만자들은 몸무게를 줄일 수 있다. 비만은 체질에도 관계되지만 결국은 식사량에 비해 운동량이 적은 데서온다. 매일 빠짐없이 자기의 건강상태에 맞게 걷기운동을 하면 몸무게도 줄고 여러 가지 성인병에도 걸리지 않게 된다. ③ 고혈압 및 저혈압, 빈혈에 좋은 영향을 준다. 고혈압인 경우는 자기의 몸상태에 맞게 걷는 것이 원칙이다. 걷기 운동을 하면 모세혈관의 피흐름이 활발해지고 산소가 충분히 공급되어 점차 혈압도 내려간다. 저혈압은 작은 압력 조건에서 심장이 활동하기 때문에 심장이 약하다. 그러므로 적당한 걷기운동을 하면 심장에 많은 피가 들어가면서 심장이 단련된다. 빈혈 때 걷기운동을 하면 호흡수가 늘어나고 깊어지며 심장도 빨리 뛰게 된다. 그리하여 피 속에는 적혈구와 혈색소의 양이 많아진다. 또한, 약간의 숨가쁨을 느낄 정도로 걷는 것이 좋다. ④ 뇌의 노화를 억제시키는 작용을 한다. 특히, 중년기, 노년기에 들어서서 운동을 하지 않으면 근육이 쇠약해지고 그 결과로 뇌세포의 활동이 저하된다. 뇌에 긍정적인 자극을 주어 뇌세포의 노화를 예방하기 위해서 작용하는 것은 뼈들에 붙어 있는 긴장근인데 이것은 하반신에 제일 많이 모여 있다. 그렇기 때문에 하반신을 많이 활용하는 걷기운동은 결국 되를 언제나 젊게 유지하는 가장 좋은 방법의 하나가 된다.

걷기운동 전에는 국군도수체조 및 스트레칭 등의 동적인 준비운동을 통해 체온을 유지하고 활동부위에 흥분과 자극을 주어야 하며 특히, 연령이 많을수록 준비운동에 관심을 가져야 한다. (준비운동 시간은 약 5~10분이 적당함)

스트레칭은 허리, 무릎, 다리, 발목, 목, 어깨, 팔, 손, 등의 순으로 한 동작을 약 10~30초 정도 실시하면 효과가 좋다.

걷기운동에서 발을 딛는 요령은 발뒤꿈치가 먼저 땅에 닿게 하고 그 다음 팔앞꿈치쪽으로 중심을 옮겨 간다.

턱을 당겨 목을 바로 세우고 고개를 숙이지 않도록 하며 시선은 전방 15° 정도를 보는 것이 좋다.

체력수준이 낮거나 연령이 높은 사람의 경우 운동시간은 가급적 동일 하게 하되 걷는 속도를 천천히 하고 익숙해지는 정도에 따라 점차적으로 속도, 시간. 거리를 증가해 나가는 것이 좋다.

걷기능력이 향상되면 발목에 모래주머니 착용, 기타 장비 및 물자 등을 이용하여 무게를 증가시킴으로써 걷기능력을 더욱더 향상시킬 수 있다.

(3) 달리기

인간에게는 육체와 정신의 양면성이 조화되어 있는데 달리기는 바로 이 양면성을 모두 충족시켜주는 운동이다. 구제적인 운동효과는 다음과 같다.

- 전신근육을 사용함으로써 신체의 균형을 조화시켜 준다.
- 심폐기능을 포함한 인체 내부의 모든 기능을 원활하게 해준다.
- 여러 가지 질병에 대한 저항력을 높여주고 특히, 고혈압, 당뇨병, 동맥경화 등의 성인병에 대한 예방과 위험성을 현저히 감소시켜 준다.
- 땀을 흘리면서 힘들게 완주하면 성취감과 만족감으로 온갖 고민과 불쾌감 등에서 벗어날 수 있어 정신적, 심리적인 안정을 얻을 수 있다.

신발은 편한 감이 있어야 한다. 너무 헐거우면 달릴 때 발에 물집이 생기고 너무 꼭 맞으면 신경에 압박을 주게 되어 통증이 생긴다.

유니폼은 활동하기가 편하고 통풍이 잘되며 특히, 땀을 잘 흡수하는 재질이 좋다. 겨울철에는 손가락, 발가락, 귀에 동상이 걸리지 않도록 주의해야 하고 더운 날씨에는 가능하면 옷을 가볍게 입는 것이 좋으며 흰색이나 밝은색의 옷은 햇빛을 반사하는데 도움을 준다.

달리기 전에는 5~10분 정도의 준비운동을 반드시 실시한다.

국군도수체조(1회) ⇒ 스트레칭 ⇒ 속보 및 전력질주(50m 정도)

스트레칭은 근육 및 관절을 이완시켜 주고 전력질주는 근육과 심장에 강한 자극을 주어 경련이나 심장마비 등의 사고를 미리 예방해 준다.

※ 달리기 프로그램(예)

달리기는 체력에 알맞은 강도로 실시함으로써 몸과 마음의 피로를 풀고 상쾌한 기분과 생활에 활력을 얻는데 목적을 두고 실시해야 한다.

① 단계구분

단계	달리기 거리	적용범위
1단계	800~1,500m	장기간(6개월 이상)운동 미실시자
2단계	1,500~3,000m	1단계 훈련자 및 6개월 이상 운동자

(4) 인터벌 트레이닝(Interval training) : 스피드 및 지구력 강화 훈련

가. 정의

인터벌 트레이닝은 강도 높은 운동을 한 뒤 충분히 쉬지 않는다는 점이 특징이다. 즉 운동 강도가 높아서 생긴 산소부채 상태를 안정시 상태로 회복되기 전에 다시 운동을 시작하는 것이다. 따라서 휴식기의 산소섭취량이 운동시보다 오히려 더 높은 수준을 유지하기 때문에 휴식을 취하고 있더라도 운동을 하는 듯한 효과가 지속되는 것이며, 근육은 활동을 하지 않고 쉬고 있는 것이므로 이어지는 새로운 운동을 높은 높은 강도로 시작 할 수 있게 되는 것이다.

질주	⇒	동적인 휴식	⇒	질주

나. 트레이닝의 목적은 스피드가 동반된 심폐 및 전신 지구력 향상을 통해 체력능력을 향상시키며 운동빈도는 자신의 체력을 고려하여 주 3일 격일제로 실시하는 것이 타당하다.

다. 운동시간은 개인의 체력수준과 운동강도에 따라서 결정되며 일반적으로 트레이닝 시간은 20~30분 이상 하는 것이 좋다. 트레이닝의 점진성의 원리를 적용하여 거리와 시간을 점진적으로 증가 시켜야 한다.

라. 운동방법

준비운동과 스트레칭을 충분히 실시하고 체력수준별로 집단을 구성한다.

구 분	실 시 요 령
50m 인터벌 트레이닝	• 교수의 신호에 따라서 10명 또는 15명 단위로 출발한다. • 50m 전력질주, 다음 50m는 걷기로 동적 휴식을 한다.
200m 인터벌 트레이닝	• 거리만 다를 뿐 50m 인터벌 트레이닝과 실시요령은 동일하다. • 여러 조일 경우 각 조별 50m 간격으로 출발할 수도 있다.

(5) 서킷 트레이닝(Circuit training) : 근력/근지구력, 전신 지구력 강화 훈련

가. 정의

전신적인 운동에 대한 적성, 즉 근육, 순환, 호흡기능의 강화를 목적으로 하는 연습방법이다. 점증적 부하원칙을 적용하여 근지구력, 호흡, 순환기능을 종합적으로 발달시키는 트레이닝이다.

나. 트레이닝 목적은 개인의 체력수준에 따라 필요한 종목을 선택하여 순환식으로 실시함으로써 신체 부위의 고른 발달은 물론 종합적인 체력을 향상시킨다.

다. 운동강도 / 빈도 / 시간 및 횟수

운동강도는 목, 팔, 어깨, 등, 배, 허리, 다리 등 7개 부위에 걸친 운동을 자기에게 알맞게 선택해서 일련종목으로 묶어 3~5회를 순환반복 한다. (운동자가 3set 실시 후 더 이상 할 수 없는 정도의 강도)

총소요시간을 측정하여, 총 소요 시간의 70%에 해당하는 목표시간을 설정하여 실시한다.

운동빈도는 운동자마다 선택가능하지만 주 3일정도가 적당하다.

라. 운동방법

실시 방법이 웨이트 트레이닝과 비슷하나 웨이트 트레이닝은 한 종목이 끝나고 다음 종목으로 넘어갈 때 적당한 휴식(정적휴식)을 취하지만 서킷 트레이닝은 동적휴식 후 다음 종목으로 넘어간다.

능력이 향상되면 과부하의 원리를 적용한다. 적용방법에는 종목수, 반복횟수, 세트(set)수를 증가시키는 방법과 순환시간을 단축시키는 방법이 있다.

마. 서킷 프로그램(예)

순 서	종 목	발달부위	회수(남/여)	세트
1	계단뛰기	하 체	·	5
2	윗몸일으키기	복 근	30 / 20	
3	엎드려 손뼉치기	상 체	20 / 10	
4	100M 전력질주	하 체	3	
5	버피테스트	전 신	20 / 10	
6	팔굽혀펴기	상 체	30 / 20	
7	줄넘기	전 신	100	
8	계단뛰기	하 체	·	
9	스쿼트	하 체	30 / 20	
10	앉아뛰며 돌기	하 체	30 / 20	

3 국군도수체조

1) 개념

(1) 국군도수체조는 맨손으로 하는 체조라는 뜻으로 대한민국 국군에서 실시하는 기본적인 체력단련 체조로서 신체의 성장 및 발달을 돕고 신체상의 결함이나 이상 체형 교정 등 건강하고 이상적인 신체발달을 도모하는 운동이다. 체력단련 및 체육활동 전 후에 지휘자의 구령이나 음악에 맞추어 실시하면 근육의 피로를 풀어주고 기분을 상쾌하게 해 주며 운동상해를 최소화할 수 있다.

(2) 실시 요령

- 손을 내려 몸에 붙이는 동작은 주먹을 가볍게 쥔다.
- 몸을 위로 올리는 동작시에는 발뒤꿈치를 들어서 다른 동작에서의 유연성을 유지시킨다.
- 순서를 정확하게 지키고 동작은 부드럽게 운동량은 크게 한다.

(3) 체조순서 : 체조는 팔, 다리, 목, 가슴, 옆구리, 등배, 몸통의 7가지로 구분되며 심장에서 먼 부위부터 순차적으로 시작한다.

(4) 체조요령

순서	운동	실 시 요 령
1	다리 운동	(1) 발 뒤꿈치를 들고 양팔을 앞으로 든다. (앞으로 나란히 자세) (2) 무릎을 굽혔다 펴며 양팔을 내려 몸옆을 스쳐 옆으로 들어 올린다. (3) 무릎을 굽혔다 펴며 양팔을 몸에 스치게 하여 다시 앞으로 들어 올린다. (4) 발꿈치를 내리며 차려자세로 선다. (5, 6) 양손가락을 무릎에 대고(손가락은 아래) 무릎을 뒤로 민다. (7) 양손가락을 서로 마주 보게 하고 발뒤꿈치를 들고 무릎을 굽혀서 앉는다. (8) 무릎을 펴고 차려자세로 선다. 〈주의사항〉 (1, 2, 3) 팔이 어깨높이보다 올라가지 않도록 한다. (7) 무릎을 굽힐 때 양무릎이 벌어지지 않도록 한다.
2	팔 운동	(1) 발 뒤꿈치를 들면서 주먹을 가볍게 쥐고 양팔을 위로 올린다. (2, 3) 양손이 어깨 높이가 되도록 팔을 굽혔다가 편다. (4) 양팔을 앞으로 똑바르게 내려 몸을 시쳐 옆으로 들어 올린다. (5, 6) 발뒤꿈치를 들면서 양팔을 옆으로 내려 손목이 몸 앞에서 엑스자가 되게 엇걸며 돌린다. (7) 발뒤꿈치를 다시 들면서 양팔을 옆으로 올려 머리 위에서 손목을 엇건다. (8) 양팔을 옆으로 내리면서 몸 앞에서 겹치게 돌려 옆으로 든다. 〈주의사항〉 (1) 양팔을 위로 올릴 때 팔이 양귀에 스치도록 올린다. (5, 6, 7) 팔을 돌릴 때 팔꿈치를 굽히지 말고 시선은 주먹을 보며 가장 큰 원으로 돌려야 하며 손목을 엇걸 때 왼손목이 위로 오게 한다.

순서	운동	실 시 요 령
3	목 운동	(1) 왼발을 옆으로 내며 양손은 허리를 짚고 목은 뒤로 제낀다. (2) 제껴진 목을 한 번 더 반동을 가하여 젖혀 준다. (3) 목을 앞으로 굽힌다. (4) 앞으로 굽힌 목에 다시 한 번 힘을 가한다. (5, 6, 7) 목을 왼쪽(오른쪽)으로 돌린다. (8) 양팔을 내리며 차려자세로 선다. 〈주의사항〉 (1) 발을 옆으로 벌릴 때 어깨너비보다 조금 넓게 벌린다. (1~7) 목에 힘을 빼고 부드럽게 하여야 하고 눈을 감지 말아야 한다.
4	가슴 운동	(1) 손 끝을 펴서 손바닥이 아래로 향하게 하여 팔을 앞으로 든다. (2) 양손 끝이 거의 닿도록 양손을 가슴 앞으로 굽힌다. (3) 발 뒤꿈지를 들고 양팔을 펴서 옆으로 최대한 젖혔다가 앞으로 위치한다. (4) 양팔을 앞으로 내리면서 주먹을 가볍게 쥐고 몸 뒤쪽으로 가게 한다, (5) 손의 엄지를 위로 하여 주먹을 가볍게 쥐고 양팔을 앞으로 들어 올린다. (6, 7) 왼무릎을 굽혀 앞으로 내며 양팔을 옆으로 최대한 젖혔다가 모은다. (8) 차려자세로 선다. 〈주의사항〉 (1, 3, 5, 6, 7) 팔을 앞으로, 옆으로 했을 때는 어깨 높이보다 낮아지지 않도록 한다. (6, 7) 발은 1보 반정도 앞으로 내딛고, 뒷다리는 무릎을 펴야 하며 발뒤꿈치가 지면에서 떨어지면 안 된다.

순서	운동	실 시 요 령
5	옆구리 운동	(1) 왼발 무릎을 굽혀 벌리고 옆으로 벌리면서 양팔은 손을 펴서 손바닥이 아래로 향하게 하여 옆으로 든다. (2) 왼팔을 위로 귀에 닿도록 붙이고 오른손은 허리에 대어 몸을 오른쪽으로 굽힌다.(반동 이용) (3) 다시 한번 굽힌다. (4, 8) 차려자세로 선다. (5, 6, 7) 반대방향으로 실시한다. 〈주의사항〉 (1) 발을 옆으로 벌릴 때 어깨너비보다 약간 넓게 벌린다. (2, 3) 왼(오른)팔꿈치가 굽혀지면 안되고 이두근이 귀에 닿도록 한다.
6	등배 운동	(1) 왼발을 옆으로 벌리며 위로 올린다. 이때 양손은 펴서 손바닥이 마주보게 하여 위로 올린다. (2) 팔을 편 채로 앞으로 내리면서 손끝을 발앞꿈치 앞에 댄다.(손끝은 지상과 10cm 이격) (3) 반동을 이용 팔을 앞으로 내리고 이때 양손을 다리 사이로 넣으면서 몸을 더 깊이 굽힌다. (4) 상체를 일으키면서 주먹을 가볍게 쥐고 양팔을 앞으로부터 뒤로 크게 돌린 다음 앞으로 든다. (5) 양손은 손가락이 아래로 향하게 하여 뒤 허리에 댄다. (6) 양손을 뒤 허리에 댄채 몸(상체)을 뒤로 젖힌다. (7) 탄력을 이용하여 한번 더 뒤로 젖힌다. (8) 차려자세로 선다. 〈주의사항〉 (1) 발은 어깨너비보다 약간 넓게 벌린다. (1, 2, 3) 시선은 손끝을 바라본다. (4) 양팔을 어깨 높이로 들고 주먹의 손등이 위로 향하게 한다.

순서	운동	실 시 요 령
7	몸통 운동	(1) 양팔을 앞으로 든다. 이때 손등은 위로 향하게 하여 주먹을 가볍게 쥔다. (2) 왼무릎을 굽혀 옆으로 벌리며 오른손을 허리에 대고 동시에 오른 주먹을 허리에 대면서 왼팔과 몸통을 왼쪽으로 힘껏 돌린다. (3) 다리는 벌린 상태로 있고 양팔만 앞으로 다시 온다. (4) 차려자세로 서며 양팔을 몸 뒤쪽까지 내린다. (5~7) 반대방향으로 실시한다. (8) 차려자세로 선다. 〈주의사항〉 (1, 3) 양팔은 어깨 높이로 든다. (2) 발은 어깨너비보다 약간 넓게 벌리고 몸을 옆으로 돌릴 때 굽히지 않는 다리의 발바닥이 땅에서 떨어지면 안 된다. 시선은 힘껏 돌리는 손을 본다.
8	팔다리 운동	(1) 손가락을 펴서 팔을 옆으로 든다. (2) 손은 어깨에 대며 팔을 굽힌다. (3) 양팔을 위로 편다. (4) 주먹을 가볍게 쥐면서 양팔을 옆으로 내려 몸 앞에서 손목을 엑스자가 되게 엇건다. (5) 양팔을 옆으로 들어 올리면서 왼다리를 옆으로 든다. (6) “(4)” 동작으로 돌아온다. (7) 양팔을 옆으로 들어 올리면서 오른 다리를 옆으로 든다. (8) 차려자세로 선다.

순서	운동	실 시 요 령
9	온몸 운동	(1) 양손을 어깨높이로 올려 손끝이 어깨에 닿도록 한다. (2) 왼발을 옆으로 벌리는 동시에 무릎을 굽히고 오른 주먹은 허리에 대면서 왼손바닥이 위로 향하게 하여 올리고 오른손은 손바닥이 밑으로 하여 편다. 이때 시선은 왼손끝을 본다. (3) 오른팔을 옆으로부터 위로 든다. 양손이 몸과 직선이 되게 하고 시선은 정면을 본다. (4) 양팔을 옆으로 내리면서 차려자세로 선다. (5~8) 반대방향으로 실시한다. 〈주의사항〉 (2, 3) 몸을 옆으로 눕혔을 때 다리, 몸통, 팔의 선이 직선이 되도록 한다.
10	뜀뛰기 운동	(1~4) 모둠발로 제자리뜀뛰기를 한다. (5, 7) 양팔을 손을 펴서 옆으로부터 위로 올리고 양다리를 벌리며 뛴다. (6, 8) 양팔을 옆으로 내리면서 차려자세로 선다. 〈주의사항〉 (5, 7) 팔을 위로 올릴 때 팔꿈치를 펴고 양손바닥은 마주보며 이두근이 귀에 닿도록 하되 손뼉을 쳐서는 안 된다.

<table>
<tr><th>순서</th><th>운동</th><th>실 시 요 령</th></tr>
<tr><td>11</td><td>팔다리
운동</td><td>(1) 무릎을 펴며 양팔을 옆으로 들어 흔들고 동시에 왼쪽무릎을 굽혀 허벅다리를 든다.
(2) 양팔을 내려 몸 앞에서 손목을 엑스자가 되게 엇건다.
(3) 양팔을 옆으로 들어 올리는 동시에 오른쪽 무릎을 굽혀 들어 허벅다리를 든다.
(4) "(2)"와 같은 자세를 한다.
(5) 양팔을 옆으로 들어 올린다.
(6) 양팔을 내려 손목이 몸 앞에서 엑스자가 되게 엇걸며 양무릎을 굽힌다.
(7) "(5)"와 같은 자세를 한다.
(8) 차려자세로 선다.
〈주의사항〉
(1, 3) 허벅다리를 들었을때는 지면가 직각이 되도록 한다.
(1, 3, 5, 7) 양팔은 어깨 높이로 든다. 이때 다리, 몸통, 팔이 대각으로 직선이 되어야 한다.</td></tr>
<tr><td>12</td><td>숨쉬기
운동</td><td>(1) 양팔은 손바닥을 마주보게 펴서 앞에 서부터 위로 들어 올리면서 고개를 들면서 숨을 들이 마시기 시작한다.
(2) 양팔을 옆으로 어깨 높이까지 내리면서 숨을 깊게 들이 마신다. (이때 손바닥은 위로 향하게 한다.)
(3) 양팔은 옆으로 내리면서 손바닥을 아래로 하고 숨을 내쉬기 시작한다.(고개는 서서히 숙인다.)
(4) 양손목을 몸 앞에서 엑스자로 엇걸면서 숨을 최대로 내쉰다.
(5, 6) 고개를 서서히 들고 양팔을 어깨 높이까지 들어 올리면서 숨을 들이 마신다. 이때 발뒷꿈치를 든다.
(7, 8) 팔을 서서히 내리면서 숨을 내쉬고 차려자세로 선다.
〈주의사항〉
(1, 4) 시선은 손끝을 본다.</td></tr>
</table>

4 체육대회 계획 수립

1) 체육대회의 의의

체육대회는 대규모의 운동회나 체육제전이다. 체육대회의 의의는 대외경기를 통하여 부대의 소속감과 전우애를 기르고 개인과 단체경기를 통해 상대편과 기량을 다툼으로서 스스로의 능력을 기르고 평가하며 건전한 신체와 건전한 정신을 함양하는 좋은 기회가 되기도 한다.

2) 체육대회의 계획과 운영

(1) 계획과 운영

체육대회의 계획은 규모와 운영에 따라 차이는 있으나, 기존의 여러가지 계획서를 참작하는 것이 좋으며, 경험자의 지도와 조언을 듣고 계획하여야 한다.

체육대회는 사단급 이상 부대는 연1회, 연대급 이하 부대는 반기 1회 실시를 원칙으로 하되, 해부대 지휘관 판단하 실시여부를 결정한다. 경기종목은 부대전통과 특성에 맞는 종목을 선정하여 실시한다(육군규정 120 제129조).

(2) 경기 종목 선정 및 상품

환경 및 경기장 조건에 알맞고 내용이 충실하도록 하는 것이 좋다. 그리고 경기 종목수는 적당하게 조정한다. 상품은 필요에 따라 많은 사람들에게 정신적인 가치가 높은 상품을 준비하는 것이 좋고, 생활에 즐겁고 유익하게 쓸 수 있는 것이 상품으로 좋다.

(3) 체육대회 계획서에 포함사항

① 개요(목적, 방침) ② 일시 ③ 종목 ④ 장소 ⑤ 경기진행/방법 ⑥ 선수 ⑦ 진행요원 ⑧ 대진표 등

(4) 체육대회의 마음가짐

체육대회시 선수와 임원 및 관중은 모두 스스로 자기의 본분과 최선을 다하는 스포츠 맨쉽을 발휘해야 한다.

체육의 이상은 높고 원대하지만 사고하는 태도가 건전하지 못하면 효과가 크지 못하다, 그러므로 스포츠가 건강상 필요하지만 순간적인 실수로 상해나 부상이 일어나지 않도록 철저한 기구 점검과 성실한 준비운동을 해야 하며 장난삼아 하지 말고 열과 성을 다 쏟아야 한다.

(5) 체육대회의 준비와 준비사항

① 준비운동을 충분히 할 것
② 계획 및 준비를 철저히 할 것
③ 많은 사람이 동참할 것
④ 적절한 종목을 선정할 것
⑤ 적당한 예산과 용구점검을 철저히 할 것
⑥ 규칙 준수 및 운동정신 함양

3) 대진표 작성법

대부분의 스포츠 경기에서는 리그전과 토너먼트전을 혼합하는 방식으로 우승팀을 가린다. 월드컵을 예로 들면 예선전에서는 전 세계 대륙별로 참가한 국가별 리그전으로 32팀을 가린 후, 32강에서 4팀씩 조별 리그전을 치러 상위 2팀씩 16강 진출 팀을 가린다. 이후 16강부터는 토너먼트로 경

기를 치러 8강·4강을 거쳐 마지막 결승전까지 진출한 두 팀 중에서 우승팀을 가린다. 토너먼트전에서는 16개 팀이 우승 팀을 가리기까지 15번(16-1)의 경기를 치르고, 4강에서 탈락한 두 팀끼리 다시 겨뤄 3·4위를 가리게 되어 총 16번의 경기를 치른다.

이와 같은 방식의 대진을 짤 때 대진표를 작성하게 된다. 각종 경기나 대회에서 활용되는 대진표를 통해 경기를 치르게 될 상대선수(상대팀)을 확인할 수 있고, 대진표대로 진행된 경기는 최종 우승자를 가릴 수 있다.

(1) 경기운영 형식

경기를 운영하는 형식에는 보통 토너먼트 형식, 리그전 형식, 리그 토너먼트 결합 형식의 3종류가 있다. 어떤 것을 택할 것인가는 그 대회의 성격, 시설, 시간 또는 참가팀 수 등의 제 조건을 고려하여 주최자 측에서 결정한다.

(2) 토너먼트 대진표

경기에서 출전 팀이 많을 경우 시간장소 등의 어려움을 없애기 위하여 추첨에 의한 방법으로 대진을 결정하고 그 대진표에 따라서 싸우며 매회 패자는 탈락하고 최종순위까지 계속 승자끼리만 승부를 가리는 대전법을 말한다. 두 패로 나뉘어 승자 진출전의 경기 방식이다. 그 유래는 고대 기마경기의 하나로서 집단대항의 경기에서 나온 것으로, 원래 이 경기는 검을 차고 창을 든 기사가 일 대 일로 기술을 다루는 마상창시합대회와 완전무장한 기사가 창을 잡고 말을 달려 상대를 낙마시켜 승부를 가리는 경기였다.

토너먼트의 작성법은 두 가지로서, 하나는 추첨 전에 토너먼트를 그려놓고 추첨한 번호에 따라서 작성하는 방법과 다른 하나는 추첨한 후에 토너먼트를 그리는 방법이다.

토너먼트를 이해하기 위해서는 기본수와 대전편성수를 알고 있어야 한다. 기본수란 공식적인 기본수를 말하는 데, 2, 4, 8, 16. 32. 64, 128 등의 곱수를 말한다. 대전편성수란 자기가 추첨한 번호와 상대의 추첨번호를 합친 숫자를 말한다. 즉 기본수 +1= 수로서 3, 5, 9, 17, 33, 65, 129 등의 홀수를 말한다. 부전승 수를 알려면 출전한 선수/팀 보다 많은 기본수에서 출전한 수를 빼면 부전승 수가 나온다.

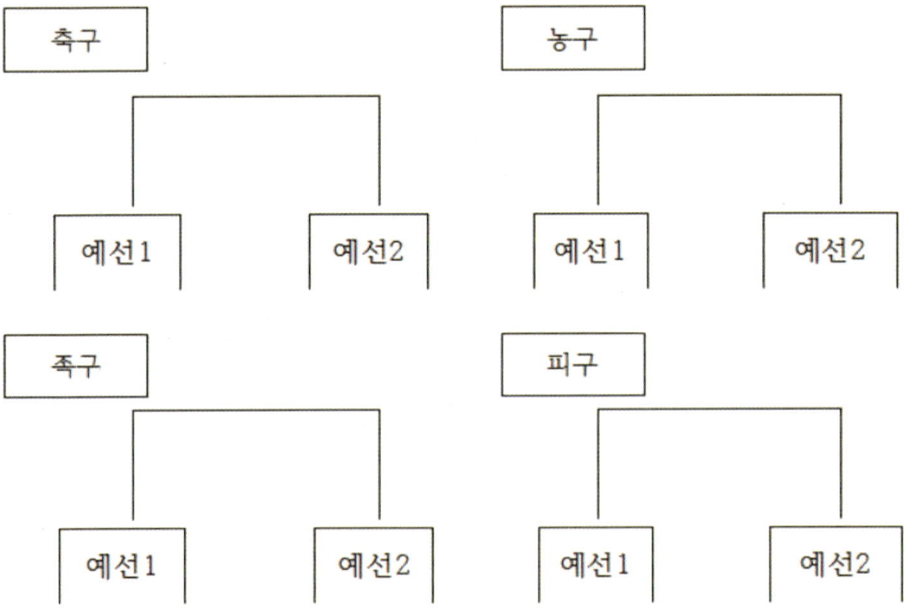

(3) 리그 대진표

리그전(풀리그)은 대회에 참가한 모든 팀이 각각 돌아가면서 한 차례씩 대전하여 그 성적에 따라 순위를 가리는 경기 방식이다. 참가한 팀에게 평등하게 시합할 기회가 주어져 가장 성적이 좋은 팀에게 우승이 주어지는 대신, 팀 수가 많을 경우 순위를 결정하기까지 시간이 걸리고 동률이 나올 가능성이 많기 때문에 승률에서의 우선순위를 정하는 기준을 미리 규정해 놓아야 하는 단점이 있다. 리그전에서 치르는 경기 횟수는 {(팀의 수)×(팀의 수 -1)}÷2번이다.

① 리그전은 토너먼트 배치를 위해 사용된다.
② 리그전은 각 팀끼리 한 게임을 시행하도록 한다.
③ 승리 3점, 무승부 1점, 패배 0점
④ 모든 경기 후 승점을 합산하여 순위를 부여한다.

	1중대 1소대	2중대 1소대	3중대 1소대	4중대 1소대
1중대 1소대		1:2	1:1	0:1
2중대 1소대	1:2		5:0	2:3
3중대 1소대	1:1	0:5		2:2
4중대 1소대	1:0	3:2	2:2	

	1중대 2소대	2중대 2소대	3중대 2소대	4중대 2소대
1중대 2소대		2:5	3:2	1:4
2중대 2소대	5:2		2:2	5:3
3중대 2소대	2:3	2:2		0:0
4중대 2소대	4:1	3:5	0:0	

4) 체육대회 계획 수립(예문)

문서번호	인사○○-12
보존기간	3년
공개여부	공개
결재일자	○○년○월○일

인사과장	대대장

* 협조: 본부중대장

'○○○○년 하계 체육대회 계획

제○○○○부대 ○대대 인사과

□ 개 요

부대 단결 및 소속감 고취를 위한 체육대회 행사 계획임.

□ 방 침

○ 체육대회 경기간 무리한 경쟁심 불식 및 부대원 화합과 단결 유도
○ 경기진행 중 관람 / 응원 인원은 절대 경기장 진입을 금지
○ 경기간 불합리한 경우에도 심판 판정에 절대 복종

□ 일반계획

○ 일 시 : '○○. ○. ○(수) 09:00 ~ 16:00
※ ○○. ○. ○(금) : 구기종목(축구, 농구, 족구) 예선 경기 진행
○ 장 소 : 연병장 / 종목 별 경기장
○ 종 목 : 축구 등 5개 종목
※ 축구, 농구, 족구, 서킷트레이닝, 릴레이 계주
○ 주요 경기일정

구 분	종 목	시 간	경 기	장 소
○. ○(금) (예 선 전)	족 구	13:00~13:40	예선 1경기	족 구 장
		13:40~14:20	예선 2경기	
	농 구	13:00~13:40	예선 1경기	농 구 장
		13:40~14:20	예선 2경기	
	축 구	15:00~15:40	예선 1경기	연 병 장
		15:40~16:10	예선 2경기	
○. ○(월) (결 승 전)	개 회 식	09:00~09:20	-	연 병 장
	족 구	09:20~10:20	결 승 전	족 구 장
	농 구	10:20~11:00	결 승 전	농 구 장
	서킷트레이닝	11:00~12:10	결 승 전	연 병 장
	축 구	13:20~14:20	결 승 전	연 병 장
	릴레이 계주	14:20~14:50	결 승 전	연 병 장
	시상 / 폐회식	15:00~15:40	-	

□ 세부계획

○ 개회식

- 일 시 / 장 소 : ○○. ○. ○(월) 09:00 ~ 09:20 / 대대 연병장
- 참석대상 / 행사지휘 / 제대편성 : 전 장병 / 1중대장 / 부대별 건제 유지
- 행사 복장 : 간부(체육복, 운동화, 체육모), 병(활동복, 활동화, 베레모)
- 식 순(사회 : 인사과장)

1. 대대장님께 대한경례	6. 우승기반납
2. 개식사	7. 선수선서
3. 국기에 대한경례	8. 기념사
4. 애국가제창	9. 폐식사
5. 순국선열 및 호국영령에 대한 묵념	10. 대대장님께 대한경례

※ 개회식 후 국군도수체조 실시(지휘 : 본부중대장)

- 행사대형

※ 지휘자↔단상 : 2 4보, 지휘자↔병력 : 9보

○ 경기진행 및 규정

- 경기 진행방식 : 토너먼트식 경기진행
- 선수편성기준/ 경기규칙

구 분	선수편성기준	경기규칙
내 용	· 원소속(명령상)↔현소속이 상이한 간부 · 대대본부 간부는 본부중대 선수로 참가	· 중복 불가 종목 : 구기종목 전체 · 경기선수 : 사전 통보된 명단 준수 단, 환자발생 시 인원 변경 가능

○ 행사 천막 설치 : ○. ○(화) 17:00 이전 설치 완료

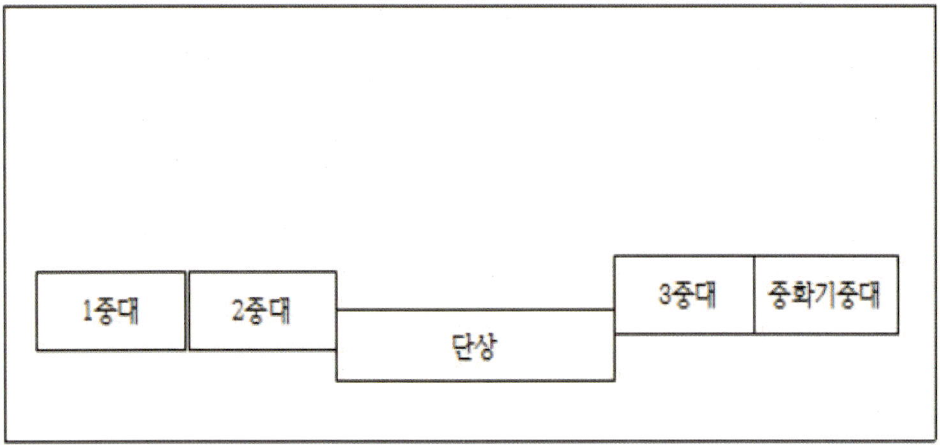

○ 종목별 세부진행 계획

구 분	선수편성	규 칙	준비물	진행책임
족 구 (팀별 : 5명)	참가기준 간부(1명) 병사(5명) 후보 : 2명	-경기규칙 : 토너먼트 -경기방식 : 3판 2선승제 ※세트별 점수 (15:15:21) -휴식시간 : 5분 -선수교체 : 자유 -서브 : 전 선수 순환식 -파울 : 네트터치, 네트오버 -무릎이하 발과 머리이외 접촉시 파울 인정	족구공(1) 호각(1) 점수기록판(1) 네트(1)	정보과장 대 위 ○○○ *부심지원
농 구 (팀별 : 5명)	참가기준 간부(1명) 병사(4명) 후보 : 2명	경기진행 : 토너먼트 경기방식 : 전 후반 각 15분 선수교체 : 자유(단 후보에 한해) 5반칙 퇴장 적용 슛동작 시 파울 : 자유투 작전타임 : 전 후반 각 1분 공격제한시간 : 24초	농구공(1) 호각(1) 점수기록판(1) 팀조끼(10)	군수과장 대 위 이라운 *부심지원
축 구 (팀별 : 11명)	참가기준 간부(2명) 병사(9명) 후보 : 3명	경기진행 : 토너먼트 경기방식 : 전 후반 각 20분 선수교체 : 최대 3명 경기규칙 : FIFA 규정 적용 무승부시 예선 : PK결정(5명) 결승 : 연장전10분/실버골 ※ 이후 무승부 PK(5골)	축구공(1) 호각(1) 수기(2) 점수기록판(1) 팀조끼(22) 부심(2)	작전과장 소령 ○○○ *부심지원
서킷트레이닝 (팀별 : 4명)	참가기준 간부(2명) 병사(2명)	경기진행 : 단판승 경기방식 · 총 1서킷(400m 달리기→ 타이어끌기 200m →완전군장 달리기 200m →환자 이송 100m)	타이어(4) 완전군장(4) 스톱워치(1) 가상환자(4)	인사과장 중 위 ○○○ *부심지원
릴레이계주 (팀별 : 7명)	참가기준 간부(3명) 병사(4명)	경기진행 : 단 판승 경기방식 · 총 3.5바퀴 / 개인별 반바퀴 · 바톤터치 : 정해진 구역에서 실시 · 계주순서 일이병→상병→병장→병장→부사관→부사관→중대장	호각(1) 바톤(4) 결승테이프(1)	행정보급관 원사 ○○○ *부심지원

○ **종목별 배점**

구 분	족 구	농 구	축 구	서킷트레이닝	릴레이계주
1등	100	100	120	120	150
2등	90	90	110	110	120
3등	80	80	100	100	90
4등	70	70	90	90	60

※ 총 배점이 동일시 우승종목 다수팀 우승, 우승횟수 동일시 다수 인원 우선 선정

○ **시상계획**

- 종합우승 : 상장, 포상휴가증(5매), 우승기, 수치, 트로피
- 종목별 우승

구 분	농 구	축 구	족 구	서킷트레이닝	릴레이계주
휴 가 증	1매	1매	1매	1매	1매
상 품	삼겹살20근	우삼겹15근	이온음료50병	삼겹살20근	우삼겹15근

○ **폐회식**

- 일 시 / 장 소 : ○. ○(월), 15:00 ~ 15:40 / 대대 연병장
- 참석대상 / 행사지휘 / 제대편성 : 전 장병 / 1중대장 / 부대별 건제 유지
- 행사복장 : 간부(체육복, 운동화, 체육모), 병(활동복, 활동화, 베레모)

• 식 순(사회 : 인사과장)

1. 대대장님께 대한경례
2. 개식사
3. 성적발표
4. 상장수여
5. 폐식사
6. 대대장님께 대한경례

대 진 표

축 구

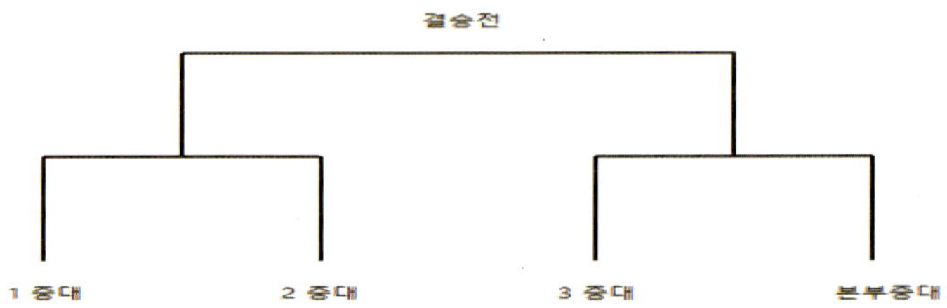

○ **각 관의 임무**

구 분	임 무
인 사 과	- 행사 진행계획 수립 및 통제 - 시상품 준비 - 행사 준비 상태 확인 - 지휘부 / 참모부 회식 준비 - 대대 점수판 준비 - 엠프 / 마이크 / 시상식 테이블 설치 - 서킷트레이닝 준비(타이어, 초시계, 군장) - 미니게임 준비(종이, 노끈, 제기)
운 용 과	- 주간훈련예정표 반영 - 지휘부 / 참모부 회식준비 - 방송장비(엠프, 마이크) 준비 - 계주 준비 : 라인, 바톤, 테이프 등
군 수 과	- 체육대회 기간 배차 통제 - 지휘부 / 참모부 회식준비
주임원사	- 부대 환경정리 통제 - 회식준비 확인 / 통제
1 중 대	- 축구준비 : 라인, 축구공, 깃발, 조끼
2 중 대	- 족구장 준비 : 호각, 족구공, 점수판, 족구네트
3 중 대	- 사열대 전화기 설치
본부중대	- 단상 위 의자 준비(10개) - 농구장 준비 : 호각 , 농구공, 점수판 - 간부 점심 준비(간부식당)
중대공통	- 행사천막 설치 - 환경정리 - 단체 줄넘기 중대별 '줄' 준비 - 회식 준비 / 정리

5 헬스 지도

1) 헬스(Health) 의 정의

헬스의 사전적 의미는 헬스클럽에서 기구를 사용하는 운동으로 정의한다. 좀 더 구체적으로 정의 하자면 헬스=웨이트 트레이닝 즉, 자기 체중을 이용하여 하는 운동을 비롯하여 익스팬더, 아령, 바벨 또는 모래주머니처럼 간단하게 만들 수 있는 중량물 등 스프링이나 중량으로 저항 부하(負荷)를 걸어서 하는 훈련 방법을 가리킨다.

2) 헬스의 목적

헬스의 목적은 신체를 단련하기 위해 맨몸 또는 중량이 있는 물건을 활용하는 동작들을 통해 신체에 과부하의 원리를 작용하게 하여 신체 능력을 단련하는데 있다.

3) 헬스 운동시 강도

헬스 방법은 신체 각 부위마다 운동하는 방법이 모두 상이함으로 해당 운동부위별로 그 방법을 숙지하고 있어야 한다. 그렇지 않을 경우 심각한 안전사고로 이어질 위험이 있기 때문이다. 일반적으로 근력 운동은 최대근력의 2/3 이상의 부하를 사용한다. 근력 강화를 위해서는 초급자는 최대근력의 60% 정도, 숙달된 자는 최대근력의 80% 이상 적용하는 것이 좋다.

웨이트 트레이닝은 운동 종목당 적어도 3~5set 정도를 해야 하며 반복 횟수는 8~12회 정도가 좋다. 근력강화는 3set 5~8회, 근지구력 향상은 3set 12회 이상이 적절하다.

세트 사이의 휴식시간은 중요하다. 세트 사이의 휴식시간이 너무 짧으면 다음 세트에 들어가기 전 근육이 충분한 휴식을 취할 수 없고, 휴식이 너무 길면 체온이 식어서 상해를 당할 우려가 있다. 무거운 중량으로 운동 후 2~3분 이상, 가벼운 중량으로 운동 후에는 1분~1분 30초 정도가 적당하다. 신체근육의 명칭은 [그림 1]과 같다.

4) 준비운동 및 주의사항

운동 전에는 반드시 충분한 준비운동과 스트레칭을 하고 끝난 후 가벼운 체조로 정리운동을 실시하여 한다. 준비운동을 실시 할 때 신체 각 부위별로 실시해야 하고, 항상 자신에게 맞는 무게로 운동을 한다. 운동 중에는 호흡을 중지해서는 안 된다. 호흡은 자연스럽게 하되, 기구를 들어 올릴 때(힘을 준다)는 숨을 내쉬고, 기구를 내릴 때(힘을 주지 않는다)는 숨을 들이 마신다.

경쟁심에 무리한 횟수나 무거운 중량으로 해서는 안되며, 매일 운동실태를 기록하며 1개월에 한번 씩 체중, 신장, 흉위를 측정하여 신체 발달정도에 따라서 운동 강도를 정한다.

(1) 웜업(Warm up)

정식 경기나 강도 높은 훈련을 앞두고 혈액순환을 원활하게 하며 근육을 풀어주기 위해 가볍게 몸을 푸는 것을 말한다. 이러한 웜업은 해당 운동 부위의 부상을 방지하기 위해 맨몸이나 적은 무게로 사전운동을 실시하는 것을 말한다.

[그림 1] 근육의 종류

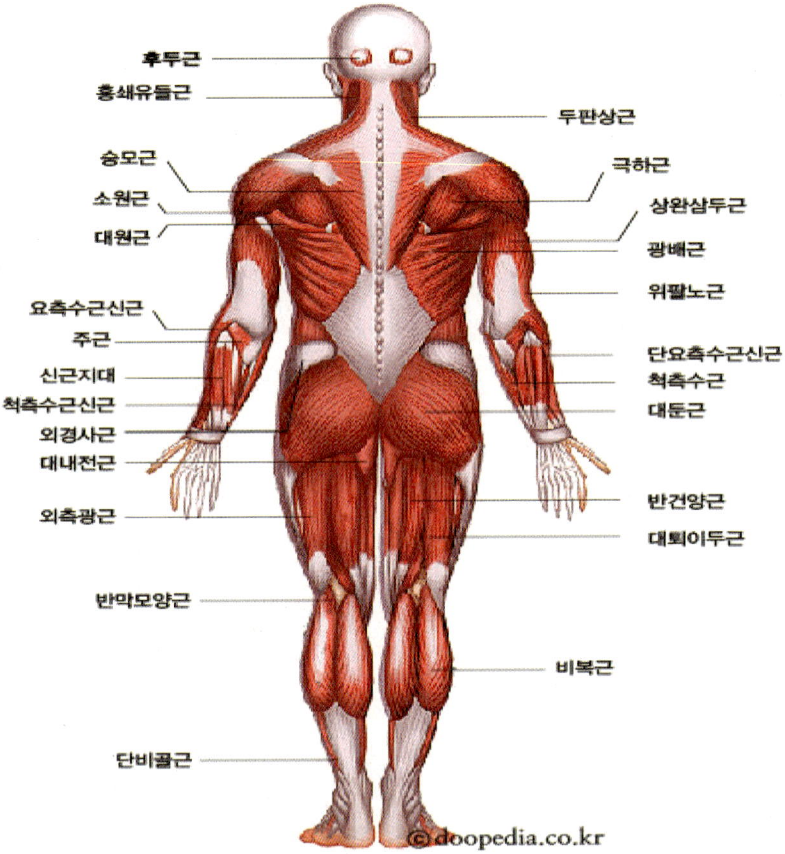
후두근
흉쇄유돌근
두판상근
승모근
극하근
소원근
상완삼두근
대원근
광배근
위팔노근
요측수근신근
주근
단요측수근신근
신근지대
척측수근
척측수근신근
대둔근
외경사근
대내전근
반건양근
외측광근
대퇴이두근
반막모양근
비복근
단비골근
© doopedia.co.kr

5) 헬스 운동별 지도 방법

(1) 어깨 운동

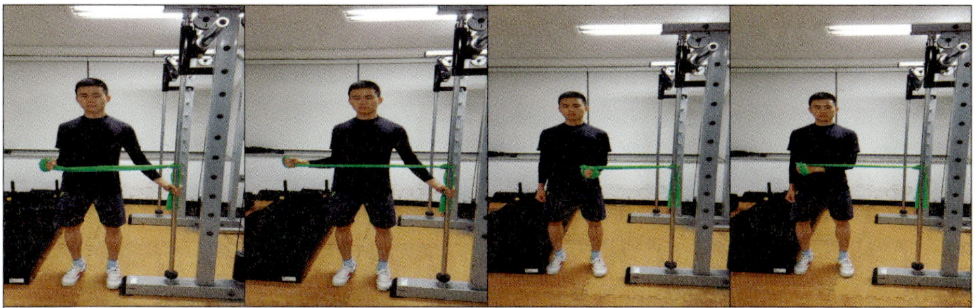

① 운동 전 어깨 부상을 방지하기 위해 외전근과 내전근 웜업한다.
② 어깨운동은 일반적으로 삼각근 운동을 의미한다.

① 프론트 숄더 레이즈(front Shoulder raise)

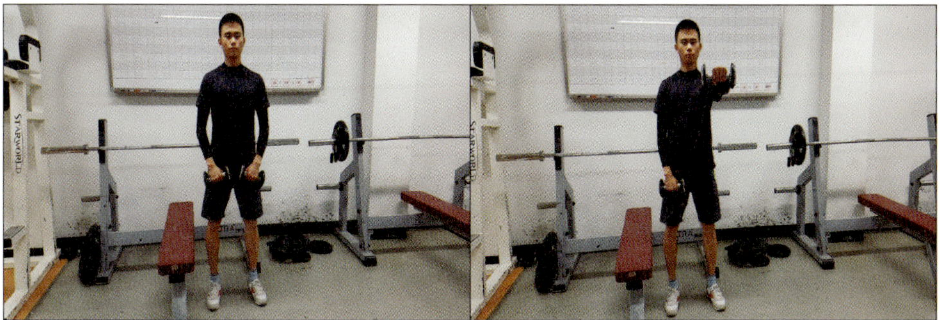

① 적당한 중량의 덤벨을 준비한다.
② 덤벨을 들고 차려자세로 서있는 것이 준비자세이다.
③ 숨을 들이마시며 한쪽 팔부터 덤벨을 어깨 높이까지 들어올려 준다.
④ 숨을 내쉬며 올렸던 팔을 원위치 시킨다.
⑤ 양팔을 번갈아 가면서 반복한다.
* 이 운동은 어깨의 전면삼각근을 단련시키기 위한 운동법으로 중량은 10~12회 진행할 수 있는 무게로 운동하도록 한다.

② 바벨 숄더 프레스(Barbell Shoulder Press)

① 적당한 중량의 바벨과 중량 원판을 준비한다.
② 바벨을 자신의 쇄골 위치에 올려두는 것이 준비동작이다.
③ 숨을 내쉬면서 어깨에 집중하며 수직으로 바벨을 머리 위로 올린다.
④ 숨을 들이 마시면서 어깨에 집중하고 수직으로 내려 바벨을 쇄골 위치로 내린다.
* 이 운동은 어깨 삼각은 전체를 운동시키는 운동법으로 중량은 10~12회를 진행할 수 있는 무게로 운동하도록 한다.

(2) 팔 운동

팔 운동을 실시하기 전 상완 이두근을 스트레칭 해줄 수 있도록 한다.

① 덤벨 컬(Dumbell-Curl)

① 적당한 무게의 덤벨을 준비한다.
② 덤벨을 들고 다리는 어깨 넓이로 벌리고 차려자세로 서는 것이 준비동작이다.
③ 한쪽 팔부터 팔꿈치를 고정한 상태에서 숨을 들이마시면서 이두근의 힘으로만 덤벨을 들어올린다.
④ 들어 올린 팔을 숨을 내쉬면서 원위치 시켜주도록 한다.
⑤ 양팔을 번갈아 가면서 반복하도록 한다.
* 이 운동은 팔의 이두근을 단련시키기 위한 운동법으로 중량은 8~10회 진행해 줄 수 있는 무게로 운동을 한다. 참고사항으로 반동을 이용하거나 팔꿈치를 고정시키지 않고 운동을 진행할 경우 운동 효과가 떨어지는 것을 인지해야 한다.)

② 덤벨 오버헤드(Dumbbell Overhead) 트라이셉스 익스텐션(Triceps Extension)

① 적당한 무게의 덤벨을 준비한다.
② 덤벨을 두손으로 잡고 머리 뒤로 넘겨 유지하는 것이 준비자세이다.
③ 숨을 내쉬면서 삼두근의 힘으로 팔을 펴줄 수 있도록 한다. 이때 팔꿈치를 완전 필 경우
④ 부상의 위험이 있으니 적당히 구부려 줄 수 있도록 한다.
⑤ 펴주었던 팔을 숨을 들이마시면서 준비동작으로 돌아오도록 한다.
* 이 운동은 팔의 삼두근을 단련시키기 위한 운동법으로 덤벨 무게는 8~10회 실시할 수 있는 무게로 운동 한다. 참고사항으로 덤벨을 올리고 내릴 때 팔꿈치가 벌어지지 않도록 확실히 고정 시켜주도록 한다.

(3) 가슴 운동

① 가슴 운동 전 30~40회 정도로 푸쉬업을 통해 웜업 한다.
② 과도한 운동을 하지 않도록 주의한다.

① 벤치 프레스[Bench Press]

① 벤치 프레스는 가슴 운동중 가장 기본이 되는 헬스장에서 많은 분들이 하는 운동중 하나이다.
② 적당한 무게의 바벨과 중량 판을 준비한다.
③ 벤치에 누워서 허리를 아치형으로 만들고 바벨을 양손으로 들어 올리는 것이 준비 자세이다.

④ 숨을 들이마시면서 바벨의 중앙을 자신의 가슴까지 내려줄 수 있도록 한다.
⑤ 내린 바벨을 숨을 내쉬면서 준비 자세로 돌아가도록 한다.
* 이 운동은 가슴을 운동시키기 위한 운동법으로 무게는 8~10회 실시 가능한 무게로 운동한다. 참고사항으로 손목이 꺾이지 않게 펴주도록 한다. 바벨을 내려줄 때 자신의 젖꼭지 위치에 내려주도록 하고 준비 자세부터 운동을 마칠 때 까지 허리는 아치형으로 만들어준다. 초보자의 경우 보조자의 도움을 받아서 실시하도록 한다.

② 딥스(Dips)

① 자신의 몸을 이용하여 운동하는 것으로 평행봉 또는 딥스바가 있으면 가능한 운동이다.
② 봉 위에 올라서서 상체를 곧게 피고 있는 것이 준비 자세이다.
③ 숨을 들이마시면서 상체를 내려 팔을 굽혀줄 수 있도록 한다.
④ 숨을 내쉬면서 팔을 펴 준비자세로 돌아오도록 한다.
* 이 운동은 가슴을 운동시키기 위한 운동법으로 횟수는 8~12회 실시할 수 있도록 한다. 참고사항으로 이 운동은 상체의 기울기에 따라 가슴운동을 할 수 있고 삼두운동을 할 수 있다. 상체를 앞으로 기울일 경우 가슴, 상체를 세울 경우 삼두 운동이 된다.

(4) 복근 운동

1. 리버스 크런치(Reverse Crunch): 복근을 살짝 말고 머리와 어깨를 지면에서 들어 올려준 상태에서 하복부를 접어준다.15회 반복한다.
2. 크로스 크런치(Cross Crunch): 전체적인 복근 단련에 효과적이고, 무릎과 반대편 팔꿈치가 닿을 정도로 복부의 힘으로 버티는 전체적인 복근 강화운동이다.

① 운동 중간에 쉬는 시간은 없으며 Set사이 쉬는 시간은 1분 내외이다.
② 이 운동은 우리 몸의 중심 근육으로서 허리를 잡아주고 몸의 균형을 유지시켜 주는 근육이다.
③ 참고사항으로 운동 중 절대 반동을 이용하지 않고 정자세를 유지를 하는 것이 관건이다.

* 복근은 가운데에 있는 복직근과 양쪽에 있는 외복사근이라는 2개의 근육으로 구성되어 있으며, 이 두 가지 모두를 단련할 필요가 있다. 상체를 일으키는 윗몸일으키기(situp)는 복직근을, 다리 뻗어 오르내리기(legraise)는 외복사근을 단련하는 운동이다. 또한 누워서 머리와 어깨 부위만을 말아 올리는 동작(crunch)과 같은 운동도 복근을 향상시켜주는 좋은 운동이다.

(5) 허리, 등 운동

① 2가지의 스트레칭을 통해 허리와 등 근육의 근육을 이완시킨다.
② 긴장감을 낮춰 주어 부상을 방지 하도록 한다.

① 데드 리프트(Dead Lift)

① 적당한 무게의 바벨과 중량 원판을 준비한다.
② 허리를 곧게 펴준 상태에서 무릎을 살짝 굽히고 상체를 숙여 바벨을 양손으로 잡는 것이 준비 자세이다.
③ 숨을 내쉬면서 굽혔던 무릎을 펴주고 숙였던 상체를 천천히 일으켜 준다. 이때 반드시 허리는 곧게 펴준 상태이어야 한다.
④ 상체를 완전히 세워주었다면 숨을 들이마시면서 무릎을 살짝 굽히고 허리는 세운 상태에서 상체를 천천히 숙여주도록 하면서 준비 자세로 돌아간다.

* 이 운동은 허리와 신체 뒷부분을 단련시켜주는 운동으로 헬스 3대 운동 중 하나이다. 바벨과 중량 원판의 무게는 8~10회 실시 가능한 무게로 실시한다. 참고사항으로 운동 중 반드시 허리는 곧게 펴주어 허리에 부상을 방지하도록 한다. 그리고 도저히 들어 올릴 힘이 없거나 운동 중 힘이 빠질 경우 과감하게 바벨에서 손을 놓는 것이 더 큰 부상을 방지할 수 있다.

* 허리가 선천적으로 휘어있거나 굽어있는 사람은 절대로 실시하면 안 되는 운동이다.

② 랫 풀 다운(Lat Pull Down)

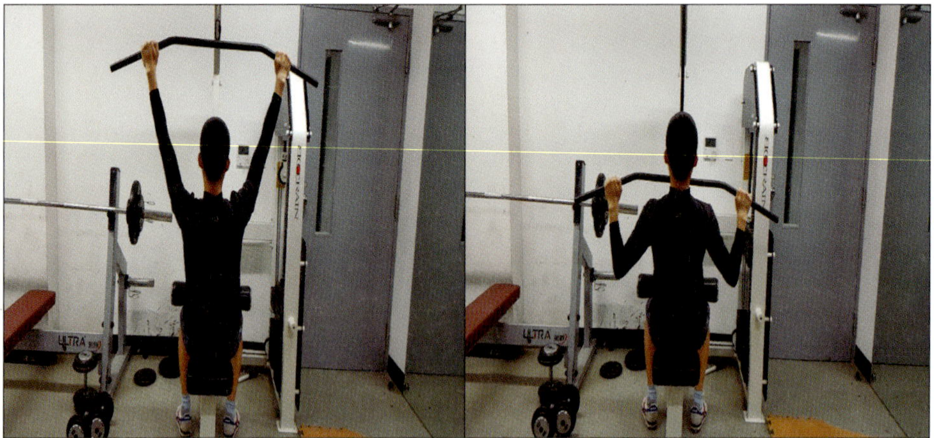

① 머신에 적당한 무게를 고정시켜 준비하도록 한다.
② 머신에 있는 의자에 앉아 무릎 고정기에 무릎을 고정하고 바(Bar)를 잡고 있는 것이 준비 자세이다.
③ 숨을 내쉬면서 바를 자신의 쇄골뼈에서 턱 부분까지 내려줄 수 있도록 한다.
④ 숨을 들이마시면서 바(Bar)를 천천히 올려 준비자세로 돌아가도록 한다.

* 이 운동은 등 근육을 단련시키기 위한 운동으로 무게는 8~10회 실시 할 수 있는 무게로 실시하도록 한다. 참고사항으로 운동 중 허리는 곧게 펴주고 상체가 앞뒤로 반동을 줘서 움직여서는 안된다.

③ L싯 풀업(L-Sit Pullup)

① 어깨 너비보다 한 뼘 정도 좁게 잡는다.
② 몸을 최대한 쭉 펴서 늘린 상태로 봉을 꽉지고 호흡을 한다.
③ 다리를 90도 뒤로한 상태로 한다.
④ 호흡을 뱉으면서 가슴이 봉에 닿는다는 느낌으로 몸이 말리지 않도록 해 쭉 당겨 준다.
⑤ 팔꿈치가 몸 뒤로 나간다고 생각하면서 올라가면 된다.
* 풀업시 올라갈 때보다 내려올 때 딱 3초만 버티면서 내려오면 효과가 크다.

(6) 하체 운동

① 하체 운동을 실시 전 고관절, 무릎, 발목을 충분히 스트레칭 실시
② 운동전 맨몸 스쿼트과 런지를 통해 웜업을 시켜주어 부상을 예방

① 스쿼트(Squat)

① 적당한 무게의 바벨과 중량 원판을 준비하도록 한다.
② 바벨을 자신의 승모근위에 올려두고 다리는 어깨 넓이나 조금 더 넓게 벌려 준다. 여기까지가 준비 자세이다.

③ 숨을 내쉬면서 의자에 앉는다는 느낌으로 상체는 곧게 세우고 엉덩이는 뒤로 빼주면서 무릎을 굽혀 앉는 자세를 취해준다. 이때 무릎이 자신의 발가락 끝선 밖으로 나가지 않게 주의하도록 한다.

④ 숨을 들이마시면서 무릎을 펴주고 엉덩이는 앞으로 빼주며 준비자세로 돌아가도록 한다.

* 이 운동은 허벅지 정면과 둔근을 단련시켜 주는 운동으로 무게는 6~10회 실시할 수 있는 무게로 실시한다. 참고사항으로 운동 중에 허리는 반드시 곧게 펴주도록 하고 앉는 동작에서 무릎이 자신의 발 끝으로 나가지 않게 주의한다.

* 초보자일 경우 맨몸 스쿼트로 자세를 정확히 숙달하고 바벨을 이용하여 운동할 수 있도록 한다.

② 런지(Lunge)

① 적당한 무게의 바벨과 중량 원판을 준비하도록 한다.
② 바벨을 자신의 승모근위에 올려 주도록 하고 다리는 어깨 넓이로 벌려주고 차려 자세로 서있는 것이 준비 자세이다.
③ 숨을 내쉬면서 한발을 앞으로 내딛어 주며 그대로 앉도록 한다. 이때 반대 다리의 무릎은 땅에 닫기 직전에 멈춰 유지시켜 준다.
④ 숨을 들이마시면서 일어서면서 내딛지 않은 반대 발을 앞으로 옮겨주며 준비자세로 돌아간다.

* 이 운동은 허벅지 전면과 후면 그리고 둔근을 단련시키기 위한 운동으로 무게는 6~10회 실시 할 수 있는 무게로 실시한다.
운동 중에 상체는 곧게 펴주도록 하고 한 다리를 앞으로 내딛고 앉을 때 무릎이 발끝을 넘어가지 않도록 주의한다.

6 전투수영

1) 전투수영의 개념

특수한 훈련이나 전투, 즉 은밀한 해상침투 및 도하작전시 수중에서 생존을 위한 수영 방법이다. 전투수영은 침투수단의 목적으로 수상에서 장거리 이동시 활용되며, 부대 및 개인별 하천을 극복하기 위해 활용한다. 수영방법은 여러가지가 있으나 노출이 최소화하고 도하 및 침투할 수 있는 평영과 횡영과 기타 영법이 있다.

2) 일반적인 수영 특성 및 효과

(1) 수영 특성

- 특별한 기구 없이 누구나 즐길 수 있는 운동
- 체중의 영향과 관절의 부담이 적은 운동
- 전신운동으로 피로감이 적고 회복이 빠르다
- 물의 부력과 저항을 이용하는 운동

(2) 효과

- 전신운동으로 신체를 균형있게 발달
- 유산소운동으로 심폐 및 순환기능을 향상
- 피부를 튼튼히 하여 질병에 대한 저항력을 기른다
- 침착성과 인내력을 기를 수 있다
- 지구력, 조정력, 유연성 등의 체력향상에 효과가 있다.
- 물에 대한 공포심을 없애고, 수상 안전 능력을 기른다.

3) 안전수칙

- 충분한 준비운동(체조, 구보) 를 하고 난 뒤 한다.
- 식사 후에는 바로 수영하지 말고 1시간 30분 후에 한다.
- 낮은 온도의 물에서 수영하지 않도록 해야 한다.
- 자기 능력보다 멀리 수영하지 않도록 해야 한다.
- 영웅심을 가지지 말아야 한다.
- 햇볕이 가장 뜨거운 정오에 실시하는 것은 좋지 않다.

4) 수영의 과학적 원리

부 력	인체가 물에 뜨게 하는 힘, 인체의 비중과 허파 속의 공기량에 따라 달라짐
항 력	신체의 움직임이 물에 의하여 방해 받는 힘, 전면저항, 피부 접촉 마찰 저항, 소용돌이 저항
작용과 반작용	작용하는 반대 방향으로 작용하는 같은 크기의 힘, 수영에서의 추진력과 관련 있음

5) 전투수영 방법

- 언제라도 수영시에는 은닉을 위하여 가장 정확한 영법을 사용해야 한다.
- 호흡 시나 관측을 제외하고는 머리를 물 속에 감춘다.
- 손을 절대로 물 밖으로 내서는 안된다.
- 오리발이 물 밖으로 나오거나 찰 때 물장구를 쳐서는 안 된다.
- 파도를 넘어서 수영을 하지 말고 항상 중간을 뚫고 수영한다(파도 위로 수영하면 노출되기 쉬움).
- 항상 침묵을 지켜야 한다. 수신호로 대화하고 절대로 이야기해서는 안된다. 특히 기파대, 해안 가까이에서는 더욱 주의를 기울여야 한다.
- 파도가 닥치면 물 밑으로 들어가서 지나가도록 기다려야 한다.
- 평영이나 횡영으로 수영하여야 하며 절대로 배영을 해서는 안된다.
- 해안에 접근할 때는 항상 파도가 접근하는 것을 감시해야 한다.
- 가능한 한 기파대에 머물러서 자기 몸을 파도에 감추어야 한다.
- 퇴출할 때도 즉시 파도를 뚫고 가야 하는데 연안류 등을 이용하면 쉽게 나갈 수 있다.
- 적의 공세를 피하기 위하여 가능한 오랫동안 물 밑에 머물러야 한다.

6) 전투수영 훈련 방법

훈련 전 반드시 수준측정을 하여 유형에 맞는 인원이 편성되도록 해야 하고, 훈련장은 단계별 수영장, 저수지, 강 및 해상에서 훈련이 되도록 계획하여 시행해야 한다.

(1) 단계별(훈련장별) 훈련

구분	숙달자	미숙달자	저조자
수영 능력정도	장거리 수영능력 가능자	장거리 수영능력 불가능자	영법 구사 능력이 없는 자
훈련장별 훈련	수영장→저수지→해상	수영장→저수지	

(2) 수준에 따른 훈련 방법은 부대 여건에 따라 안전에 최우선을 두고 계획하여 시행한다.

7) 영법(평영, 횡영) 유형

(1) 평영

① 평영을 전투수영으로 활용하는 이유

- 타 영법에 비해 숙달 기간이 짧다.
- 체력의 소모를 최소화하면서 장거리 수영을 하는데 유리하다.
- 영법 실시 간 수상에서의 소음이 적다.
- 이동간 전방 경계가 효과적이다.
- 파도가 있는 해상에서도 파도를 이용하여 이동이 가능하다.

② 평영숙달을 위한 연습방법

구 분	동작 내용
받침벽 이용	상체를 벽에 대고 기대면서 상체를 띄워 발동작을 숙달한다.
반대 저항을 이용	2인 1개조로 보조자가 실시자 팔을 잡고 밀고 당겨 주면서 발동작을 숙달한다
추진력 증진을 위한 연습	다리부위에 부이(buoy)를 사용하고 마스크나 스노클을 착용하지 않고 팔동작만으로 상체를 들어 올려 호흡하는 것을 반복한다.
느린 동작으로 연습	마스크와 스노클을 착용하여 머리를 들어 올리지 않고 발동작에 집중한다.
밖으로 젓기	손바닥이 바깥 방향이 되도록 양 팔을 바깥으로 벌려 젓는다.
눌러 잡기	팔을 어깨선까지 당기며 팔꿈치를 구부리기 시작한다. 팔꿈치를 많이 당기면 되돌기에서 저항을 많이 받는다
당기기	팔꿈치를 가슴 앞으로 모은다. 양 손도 자연스럽게 몸 중심의 방향으로 모아진다.
되돌리기	양 손을 몸 중심에서 모아 앞으로 뻗어 낸다. 양 팔은 완전하게 펴질 수 있도록 앞으로 뻗는다.
나아가기	몸을 곧게 뻗은 상태로 추진력을 이용해 앞으로 나아간다.

③ 평영의 팔 동작

④ 평영의 킥 동작

구 분	동작 내용
끌어 당기기	발목의 힘으로 끌어 당긴다. 양 무릎 사이의 간격은 어깨너비 정도를 유지한다.
밀어내기	밀어내기: 발목이 바깥쪽으로 돌려진 상태에서 아래 방향으로 물을 밀어내듯이 찬다.
발목으로 밀어내기	발목을 펴면서 양 발로 물을 끼우듯 찬다.
짜내기	무릎을 천천히 펴면서 발과 두 다리 사이의 물을 뒤로 짜낸다.
나아가기	두 발을 가지런히 모으고 무릎을 곧게 뻗은 자세로 추진력을 이용해 나아간다.
호흡하기	팔 동작의 당기기를 할 때 머리를 앞으로 들어올리고 숨을 들이 쉰다.
머리숙이고 호흡하기	팔을 앞으로 뻗어낼 때 머리를 숙이고 다음 당기기까지 물속에서 천천히 숨을 내쉰다.

[그림 5-1] 평영의 결합동작

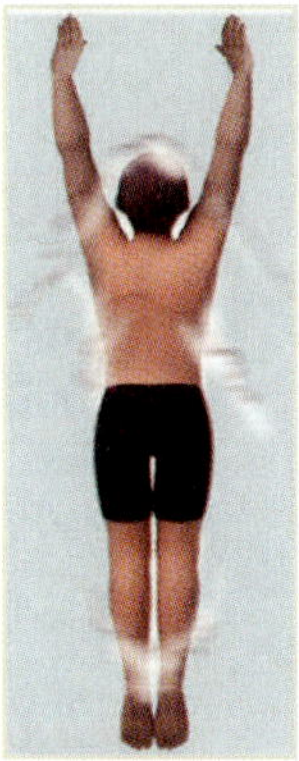	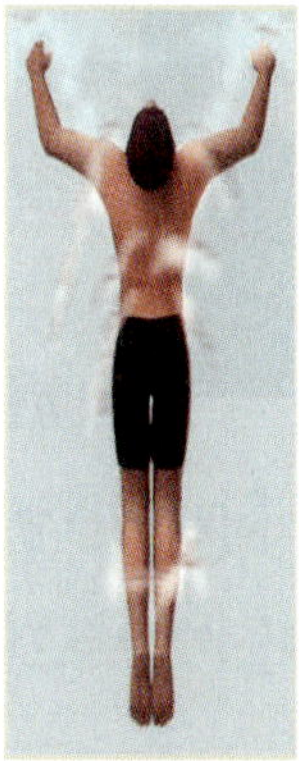	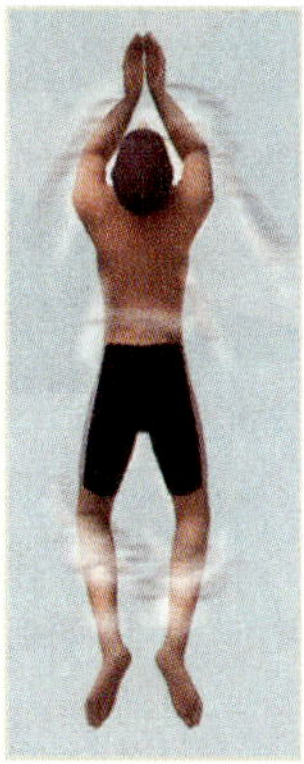	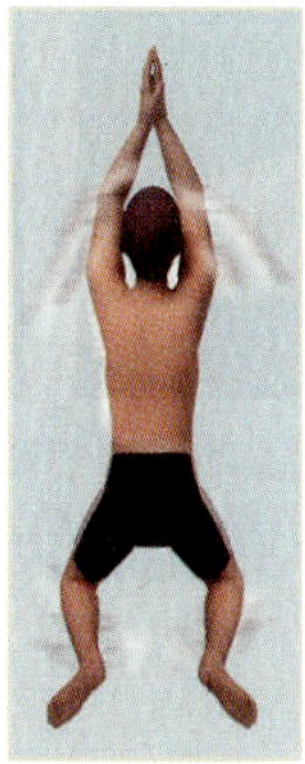	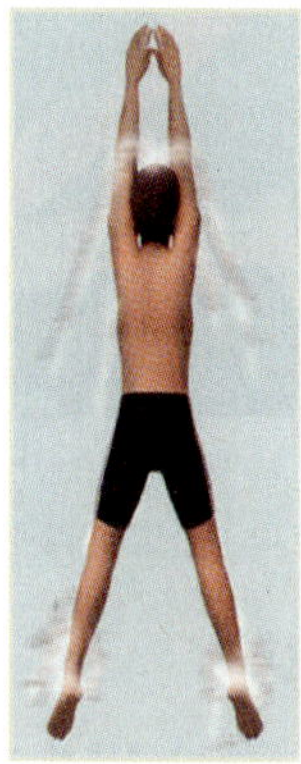
팔의 밖으로 젓기 동작을 하고 있을 때 다리의 발목 끌어 당기기 동작이 시작된다	팔의 밖으로 젓기 동작 끝날 무렵 무릎이 뒤로 굽혀지기 시작한다.	팔의 당기기 동작에서 무릎을 보다 깊게 구부린다.	팔의 되돌리기를 위하여 두 손을 모았을 때 다리의 끌어 당기기가 완전하게 이루어진다.	팔을 앞으로 뻗어낼 때 다리의 밀고 짜내기 동작을 연결하여 한다

(2) 횡영

횡영은 물에서 옆으로 누운 자세로 양손으로는 물을 젓고 양다리를 가위차기식의 동작을 하면서 장거리 이동이나 횡단을 하는데 좋은 영법이다.

① 횡영을 전투수영으로 활용하는 이유

- 영법 실시 간 수상에서 소음이 적다.
- 이동간 전방 경계가 효과적이다. 급조도하와 같이 장비 및 물자를 운반하는데 용이하다.

② 횡영 숙달을 위한 연습방법

구분	동작 내용
킥판을 이용	킥판을 뻗은 손에 대고 상체를 띄워 발동작을 숙달한다. 킥판을 대지 않은 손은 해당하는 동작을 한다
반대 저항을 이용	2인 1개조로 보조자가 실시자 팔을 잡고 밀고 당겨 주면서 발동작을 숙달한다.
추진력 증진을 위한 연습	다리부위에 부이를 사용하고 팔동작만을 반복한다.
느린 동작으로 연습	마스크나 스노클을 착용하고 손, 발동작의 타이밍을 연습한다. 상체가 수면에 뜨지 않을 경우 몸을 띄울 수 있는 부이를 사용한다.

③ 횡영의 기본 자세

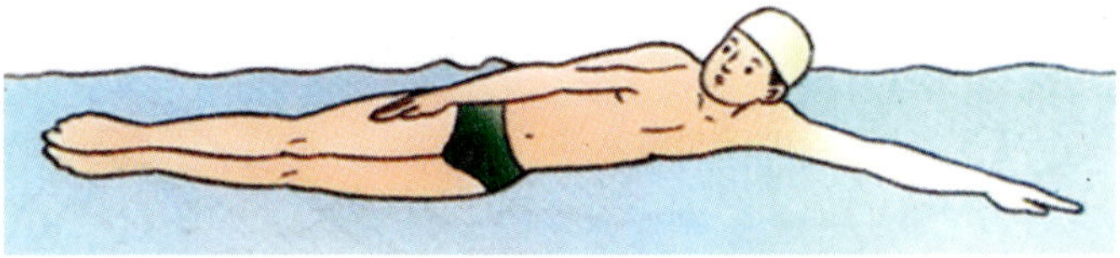

- 얼굴을 수면 위로 돌리고 몸을 곧게 편 상태로 수면 위로 비스듬히 누운 자세
- 좌우 어느 한 쪽을 아래로 하여 몸을 똑 바로 편 다음, 수면과 직각 자세
- 물을 베게 삼아 얼굴을 수면 위로 위치, 아래 턱은 가볍게 끌어당김
- 눈은 수면 위에 나와 있는 쪽의 어깨와 발끝을 한꺼번에 볼 수 있도록 뒤쪽을 향하도록 봄
- 아래쪽 팔은 손바닥이 아래로 가게 한 후 진행방향을 향해 뻗음
- 위쪽 손은 손바닥을 허벅다리의 안쪽에 붙임

④ 횡영의 종합동작

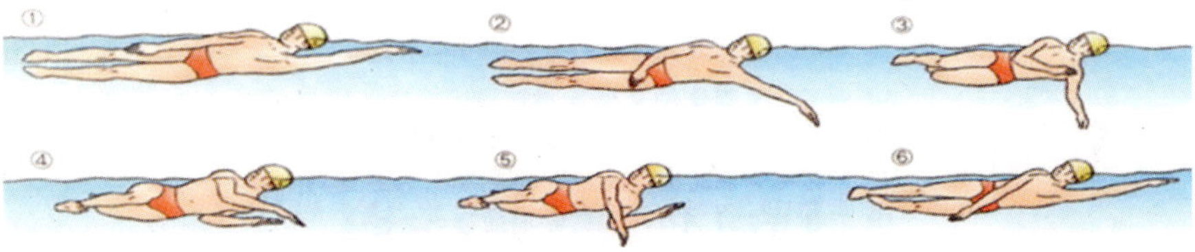

① 아래쪽에 위치한 팔을 몸쪽으로 끌어 당기면서 동작을 시작한다.
② 아래쪽 팔이 어깨 근처에 도달할 때 양다리를 굽히며, 동시에 뒤쪽으로 저었던 팔을 앞으로 보낸다.
③ 위쪽 다리를 무릎쪽으로 끌어당기면서 양 다리가 차기 동작을 시작하는 순간 양 손은 가슴 앞에서 모은다.
④ 양 팔을 펴는 동작과 양 다리가 물을 차는 동작을 동시에 시작한다.
⑤ 추진력이 약해서 몸이 가라앉기 시작하면 앞쪽으로 뻗은 팔로 물을 누르면서 끌어 당겨 몸이 가라앉지 않게 한다.

참고문헌

구희곤 · 허동욱, 2016, 국방체육, 박영사

김상두 · 원주현 · 김윤태, 2003, 체육학 개론, 대경북스

김수근 · 김도희, 1999, 운동생리학의 기초, 대경북스

김창균 · 김갑수, 2002, 운동생리학 강의, 대경북스

김혁출 · 심성섭, 2014, 생활체육학 총론, 한컴인쇄정보

김홍수, 1996, 인간의 움직임 체육학의 구성원리, 대경

박윤진, 2010, 운동생리학, 도서출판 운동과 영양

손형구 · 유권재, 1999, 대학 스포츠, 보성

육군교육사령부, 2011, 해상침투, 국군인쇄창

육군본부, 2009, 체육, 국군인쇄창

윤공화 · 오주훈, 1998, 대학체육, 형설출판사

이필근, 2009, 체육원리, 대경북스

장주호, 2002, 현대체육원리, 태근

정재극 · 조남민, 2011, 국방체육, 진영사

특수전교훈대, 2000, 특수전 초급반과정(제1권), 해군인쇄창

두산백과, doopedia.terms.naver.com/entry.nhn?docId=1184759&cid=40942&categoryId=32319

스포츠백과, http://terms.naver.com/entry.nhn?docId= 384386&cid=42872&categoryId=42872

http://aquanpeople.blog.me/220587862778

http://kookbang.dema.mil.kr/kookbangWeb/main.do